U0029599

只要看起來很厲害，就可以了！巧妙直入人心的暗黑心理學

やってはいけないダークサイド心理学

齊藤勇——著
卓惠娟——譯

前言

潛意識的力量

「關於我很在意的那個人，真想知道他真正的心意。」

「希望不論主管或部下，都能完全照我的想法去行動！」

我們無法看出他人的心裡在想什麼，也無法隨心所欲地操控他人的所作所為。明明知道這些道理，但是「事情發展不能如你預期」的痛苦想法，讓你心焦如焚，你是否也有像這樣的經驗呢？

心理學正是一門幫助你把這些難以克制的不安，轉化成力量的學問。

只要是人，都具有「表」、「裡」兩種心理模式。所謂的「表」，是平時表現在外的心理動向，心理學稱為「意識」（conscious，也被稱為顯意識）。

另一方面，「裡」則稱為「潛意識」（subconscious），指人類平常無法察覺、被壓抑在深處的欲望、感情。

實際上，意識及潛意識的比例為一比九，潛意識才是驅使人類的最大原動力。因此，說心理學是一門研究喚醒潛意識的技巧也不為過。

如果你常因為搞不懂他人心思而焦急煩惱，在事態失控前，請務必一讀本書。本書收錄許多如何了解人們真心話與操控他人行為的技巧。只不過，本書所介紹的心理學，大多是關於如何操控他人內心的技巧，讓你能夠穩居優勢，是具有極大力量的實用學問。但如果過度濫用而操控他人過度，也可能造成他人對你的不信任。因此實際運用時，務必謹慎小心。

希望本書所介紹的心理學，能讓你在命運分歧點的關鍵時刻派上用場。如果你能藉由閱讀本書，解讀出沉睡在對方內心深處的潛意識，對於圓滿你的人生獻上一臂之力，將是我莫大的榮幸。

齊藤勇

第2章 把好感印象提升到200%的形象操作技巧

第3章 馴服上司及部下的心理作戰

第4章 迎向終極致勝的自我暗示術

第5章 百發百中擄獲異性的戀愛心理術

第6章 以滿滿的優越感，操縱大方向的心理法則

第7章

讓沒用的自己變身之心理作戰

第8章
延年益壽又開心樂活的心靈控制法

第9章 讓對方把1看成100的錯覺心理學

序章

FIVE GOLDEN RULES

絕對必勝的 五大心理學黃金定律

知道對方的「真心話」就無所畏懼

從表情與動作，掌握對方的內心

也許你會認為他人的內心，既無法雙眼實際看見，也不能以雙手觸摸實體。然而，實際上**人心是「眼睛能看穿」的**。例如，有些人在重要的簡報或告白等場合，會雙腳顫抖、臉色發紅，看到這樣的情況，你不就能因此判斷「他現在很緊張」、「他現在很害羞」嗎？

所謂心理學，正是以這些從眼睛觀察的現象為研究基礎，藉此剖析人類心理的學問。而且，這是在你的日常生活中，隨時隨地都可以運用的技巧。

想知道意中人的真心，就要仔細解讀對方的表情與動作。只要了解心理學，就能判斷對方真實的想法。而且，也可以把心理學當作戀愛必勝武器來運用。不論是使對方迷戀你，或是一眼看穿對方是否背叛了你，以及被另一半發現你劈腿時，如何巧妙

地避免分手破局等窘境，任何戀愛的疑難雜症都能試著用心理學解決。

看穿對方的真實想法，解放潛伏已久的欲望

當然，心理學在工作領域也能派上用場。即使遇到處處刁鑽的生意對象，只要了解他刁難的理由，就能迅速掌握他的心。

碰上機車的主管或囂張的部屬，運用一點心理技巧就能使他們心悅誠服。即使你並未加倍努力、能力也沒提升，工作效率照樣能提高。

有時看穿對方內心的想法，反而令人感到退縮。或許侵門踏戶地直闖他人內心，會讓你覺得反感。不過，換個角度看看。**人們的「真心話」就如同「潛意識」，是平時沉睡在內心深處的能量，你只是運用心理學讓它徹底解放而已**。

以這個角度來思考，能夠解讀他人內心，絕對不是件負面的事。既能讓對方從被束縛的心情解放，你想要的利益也能順利到手，是件彼此皆大歡喜的事。

五大
心理學黃金定律
O2

輕鬆籠絡主管及部屬，終結職場壓力

你無法挑選主管或部屬，但能巧妙操控他們的工作魂！

「主管不賞識我」、「最近的年輕人實在是……」發出這些怨言的你，在討厭上班而選擇辭職以前，不妨嘗試運用心理學，隨心所欲地操控主管或部下吧。任何主管大致可分為四個類型。這是社會心理學家三隅二不二主張的「PM理論」。

一、**「理想主管」類型**：達成目標和帶領團隊的能力都維持良好平衡。部屬能毫無掛慮地仰賴主管。遇上這類主管是你的福氣。

二、**「和平主義」類型**：雖然有帶領團隊的能力，但達成目標能力稍嫌不足。不過溝通能力很強，部下都能和他融洽相處，也能自行提高工作技能。

三、**「工作機器」類型**：達成目標能力很強，但不擅帶領團隊，所以言行舉止給人無情的印象。和這類型的主管共事，不能怠慢報告及商談等工作，需避免閒扯淡。

四、**「遊戲人間」類型**：無論是達成目標或帶領團隊，能力都很差。盡可能避免和他們有必要工作範圍以外的接觸，應該和其他同事團結完成工作，才是上策。

與其煩惱人際關係，不如避免職場壓力

同樣的，主管也不能選部屬。**既然如此，只要理解部屬心理，讓他翻不出你的手掌心就好了**。話說回來，沒有天生工作幹練的部下，問題在於想讓部屬成長，應該責備還是讚美？其實兩者都是心理學上有效的方法。這裡先針對總是忍不住抱怨「最近的年輕人實在是……」的主管心態，提供一個忠告。

任何時代的管理階層，都抱有「與他人比較」（與人相較欲求）、「期望能肯定自我或獲得他人肯定」（自我認同欲求）等欲望，而導致習慣「批評現在的年輕人」。主管們應該注意的是，不要被世代差異束縛而助長偏見。**當職場人際關係不順遂時，並非只要反省自己，不妨也重新檢視操控他人的方式**。

提升操控他人的能力，消除人際關係的煩躁不安。

戀愛有方！引導出心儀對象的好感

人類是本能會談戀愛的動物

為什麼會愛上某個人？其實在心理學上有清楚的分析。

人類為了生存，本來就有滿足睡眠欲望及食欲等最低限度的「生理需求」，其次則是謀求生活安全穩定的「安全需求」。等這些需求都得到滿足後，就會產生尋求歸屬的「社會需求」。這是希望從朋友、家人等其他人身上獲得愛與關懷的情感。

換句話說，**當生理需求滿足後，自然會想要戀愛**。

但是，為什麼會對特定的某個人著迷呢？對此，心理學家分析感受到他人魅力的原因。其中一個因素是環境。人對於越是經常碰到的對象，好感度越高，這是社會心理學家羅伯・查榮克（Robert Zajonc）主張的「單純曝光效應」（mere-exposure effect）。**只需佯裝「偶然一再相遇」，重複這個單純的技巧，就能使心儀的對象被你吸引**。

不要錯過對方對你有好感的信號

想知道自己在愛慕對象的心中占有多少分量，利用心理學，就有可能解讀出對方發出的信號。比方說，兩個人一起外出用餐，如果對方聽你說話時，身體往前傾、把兩人之間的杯子挪到旁邊等，都是對你有好感的表現。另外，也有一種說法是，女性在心儀的男性面前會吃得少一點。

很多人一起吃飯時，也可以確認一下你們是否時常目光交會，另外，如果對方記得之前的談話內容，或是問你私底下怎麼度過假日，也表示很有發展機會。

因此，**希望能進一步發展時，可以利用「互惠好感」技巧（Reciprocal liking）——當對方釋出善意，自己也會萌生善意**。任何人都希望得到周圍的認同，因此如果你故意觸動這個心理，向對方表示「這件衣服很適合你耶」、「你剪了頭髮？很好看」，這麼一來，對方就會開始在意你。

像這樣，了解心理學原理，在戀愛的攻防戰上，從最開始的陌生接觸到最後的好感得分，對你而言猶如輕而易舉，只是小菜一碟。

對意中人的心設下陷阱，讓他不自覺被你吸引。

五大
心理學黃金定律
04

成為捉摸不透的人，躋身勝利組

以反差萌讓對方留下深刻印象

「平時是笑嘻嘻的彌勒佛，發起脾氣來像阿修羅」，你的周遭是否有朋友也是這種令人難以捉摸的個性？

像這樣「平時是〇〇，卻△△」的反差，是心理學運用技巧王道中的王道。

例如，外表看起來很恐怖，笑起來卻很有魅力的人，由於第一印象和笑臉印象的反差很大，比起長相英俊、笑起來有魅力的人，這種第一眼看起來可怕的類型給人的好感度更高，就是因為給人印象較為深刻的關係。

這個技巧也可以用在送禮物的時候。想送對方昂貴的戒指時，與其直接贈送，不如一開始先給玩具戒指，在對方覺得失望之際，才把真的禮物送出去，將成為一生難忘的經驗深烙在他的內心。這個心理技巧稱為「得失效應」（gain-loss effect）。

反差的形象，也能讓沒有幹勁的部屬提升工作效率

運用這個反差效果，成為一個「不知什麼時候會出現反差的人」＝「捉摸不透的人」，將是今後你的人生能不能獲得幸福的重要關鍵。

假設你在公司帶領數名部下。當你成為一開始所說的「平時是彌勒佛⬇凶起來是難以應付的阿修羅」，周圍的人認為你「發起脾氣不得了」、「難以預料什麼時候會生氣」，工作就不敢隨便偷懶。**藉由反差的形象，施加部屬恰到好處的壓力**。

運用這個技巧，重要的是「發怒」時機。一天到晚對部屬的失誤大發雷霆，容易導致部屬認為「反正不論怎麼做，主管也會動不動發脾氣」，工作幹勁自然會下降。

然而，這個技巧嚴禁用在有幹勁的人身上。根據荷蘭心理學家菲特烈・德門（Frederic Damen）的實驗，領導者在發怒的情況下所做的指示，會使原本有幹勁的人工作效率降低；相反的，沒幹勁的人則會提高工作效率。所以，**對於沒有幹勁的部屬，不妨讓他對你抱著畏懼吧！**

05

故意踏進對方的「地盤」，讓人對你加倍信任

人與人之間，需要恰到好處的距離感

待在擁擠的電車上，會令人感到不愉快，以心理學觀點來看，是因為被侵犯了「人際空間距離」(personal space)。每個人都有一個被他人侵入就會覺得不舒服的範圍，這就是「人際空間距離」，關係越親密距離越近，關係越疏遠距離越大。

與心儀的人緊緊挨著坐在一起很開心，換作是陌生人則感到不愉快。

但是，這種距離感不但因個人情況不同，而有很大差異。而且，男女也有所不同，女性的人際空間距離範圍通常遠比男性更寬。

若是能巧妙運用這個心理，與暗戀對象的關係或許就能更親密。刻意靠得更近來縮短人際空間距離，有時能使對方因而產生親近感。不過，萬一對方完全沒意思就會產生反效果，勉強靠近反而會被討厭，所以務必注意。

和心儀對象應該保持什麼樣的距離？

人際空間距離大致可分為四個區域。對於想了解你在別人心中，彼此的關係進展到什麼程度，以及想改變和他人關係時，這個技巧都能派上用場。

和情侶等關係親密的人之間的距離，是以自己為核心，直徑從零到十五公分內的**「親密區域（近距離）」**，也就是互相擁抱，伸手可及的距離。因為能夠感受到氣味、體溫，只有在信賴彼此的關係基礎下才容許的距離。

如果在這個距離範圍內，對方並未露出嫌惡或不自在的表情，就可以確定對方對你有好感。

倘若是家人、親戚等知交的關係，則是四十五公分範圍內可接受的**「親密區域（遠距離）」**。例如，在電車或人群雜沓的環境中，有時也會因為他人過於靠近而產生壓力。

另外，四十五到一百二十公分範圍內，則是朋友與熟人程度，相當於一個人伸展手腳可接觸到對方身體的範圍，稱為**「個人區域」**，若是心儀象和你保持這個距離，就表示還未把你定義為「朋友以上，戀人未滿」的關係。

 保持恰到好處的距離，工作才能無往不利

在工作上，如果彼此已經熟識，對方並不討厭你的話，建議採用個人區域的範圍來洽談生意。能使交涉朝良好方向進行，提高成功的機率。

和初次見面對象適合的距離則是**「社交區域」**，保持一百二十到兩百一十公分的距離。雖然難以有肢體接觸，但交談不會有阻礙。雖然這個距離要讀取表情變化稍有難度，但對於一開始交談互動卻是最適當的距離。

儘管希望交涉能夠順利進行，倘若一開始就太過靠近，反而容易帶給對方莫名的壓力。

最後，超過社交區域的距離稱為**「公眾區域」**。相當於演講者和聽眾、面試官和面試者彼此面對的距離。

簡報通常也會採取這個距離。相對的，你的聲音和動作便是決定勝負命運的關鍵。例如，握拳並以強而有力的聲音說出簡報的關鍵句：「我一定全力以赴支援！」就能更加強聽眾的印象，使人對你加倍信任。

拿捏與對方互動的適當距離，然後逐漸靠近。

第1章

INDUCTION

巧妙把NO變成YES的心理誘導術

任何人都想隱瞞不好的一面

當你在工作上要銷售公司的商品，或是平常生活中向家人、情人、朋友提出旅遊計畫時，如果他們並不信任商品或是你提出的計畫，就不可能點頭答應。

因此，你一定會拚命說明「這個商品有這些方便的優點」、「這次旅遊如此安排，一定會很好玩」等種種好處，也是可想而知。至於缺點，因為希望對方滿意並購買，或接受你的計畫，多數人可能會盡可能不告訴對方其他短處。

不過，**以心理學的策略來看，刻意告訴對方缺點也是一種心理技巧**。「這台數位相機雖然比其他公司的產品重一點，但畫質真的很漂亮。」像這樣故意告訴對方缺點是「比較重」，這個方法在心理學中稱為「兩面提示」（two-sided presentation）。

兩面提示能對什麼樣的人產生效果？

以兩面提示告訴對方缺點，並不會因而使對方對於商品或計畫信賴度下降。根據美國名校耶魯大學進行的實驗結果，使用兩面提示來說服他人，反而效果更佳。

為什麼使用兩面提示，反而會被說服呢？這是因為**故意說出缺點時，會使對方產生「特地說出缺點，表示這個人講話很實在，值得信賴」的心理作用**。

使用兩面提示能提高說服效果的對象，包括「想多花一點時間思考商品或計畫，再決定的人」、「對方和你尚未建立信賴關係的人」、「對商品或計畫還心存疑慮的人」。

上述的耶魯大學實驗中發現，教育程度越高的人，運用兩面提示所產生的效果越大。換句話說，即使只表達優點也不會照單全收，希望深思熟慮再判斷的人，比較容易因兩面提示的效果受到影響。

再進一步說明，一開始就以兩面提示說清楚缺點，還有其他好處。

例如，如果店員事前說明：「這台筆電處理速度快而且使用方便，但是操作時的聲音稍微大了一點。」即使買回來後發現操作時聲音較大，對消費者而言，購買前已經知道這件事，對商品的信任度不至於因此下降。

反過來說，要是事前沒有說明筆電操作聲音的缺點，消費者可能會氣憤，「購買前完全不知道會發出這麼大的聲音！」對商品或店家的信賴度都可能因此而下降。

適合片面提示的對象

相對於正反面兩者都清楚說明的「兩面提示」，只講述正面內容的方

片面提示與兩面提示

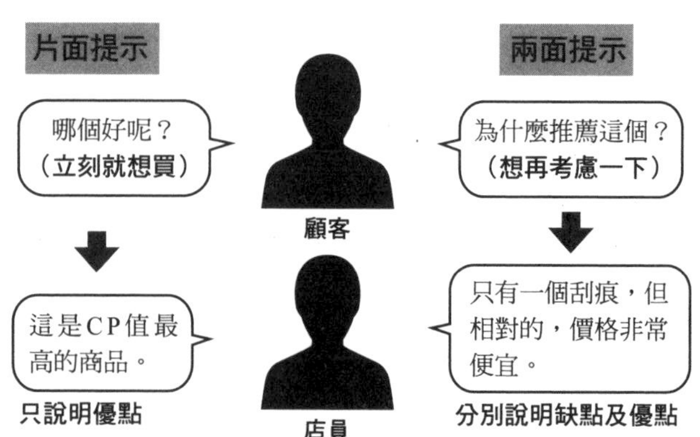

故意說明缺點，以博得信賴的方法稱為「兩面提示」。
但是，若已經有信賴基礎，也可以只用「片面提示」。

法，稱為「片面提示」(one-sided presentation)。

如同前面的說明，要說服對方時，使用兩面提示雖然有效，但根據不同對象，有時片面提示反而可以產生更好的效果。

片面提示能產生說服效果的對象，包括「已經決定購買商品的人」、「對商品或計畫有相當的了解，不需要特地說明的人」、「不想耗費時間，想快點買完就走的人」、「容易附和、跟隨他人意見的人」等。

對於「決心要買下商品」以及「不想花太多時間購物」的人，**特地花冗長的時間為他講述商品缺點，反而會降低購買意願**。

另外，如果你和對方已有信賴關係的基礎，就不需要兩面提示。例如，和你多次一起旅行的友人，即使不用兩面提示，單純以片面提示說明旅行有趣的重點，對方應該也會點頭答應。

因此，請因應個別狀況來彈性運用兩面提示或片面提示吧！

暗黑警句

連缺點都直言無諱，能使對方覺得「你相當坦白，所以值得信賴」。

DARK SIDE PSYCHOLOGY 002

提高談判機率！戰地要選在你的主場

自信泉湧而出，強勢談判的祕訣

「我不太懂得施壓，很不擅長談判。」、「我口才很差，無法說出打動人心的話。」也許你個性膽怯，平時就缺乏自信，面對談判的場合，總是無法發揮實力。然而，工作上交涉談判卻是家常便飯。話雖這麼說，個性並無法說改就改。但只以一句「不擅長」來逃避，是不可能拿下勝利的。

以下就教你一個心理技巧，即使平時怯懦，在交涉時也能夠帶著自信，表現強勢態度。**那就是「自我暗示」（Auto Suggestion）。一如字面上的意思，是一種對自己施以暗示的方法**。而且，這並不是一件困難的技巧。

例如，最簡單的方式是，選在自己熟悉的地點環境進行交涉。如果你的個性是屬於比較懦弱的人，或許會認為「明明是我有求於人，還要把人叫過來，實在……」。

削弱對方氣勢，讓自己占在優勢位置

把對方叫過來，不一定非得在自己的公司談判不可。只需選擇你熟悉的餐飲店等場所即可。人類是一種置身在和平時不同的陌生環境就會緊張的動物。陌生的環境會令人產生異樣的感受或壓力，以致於無法完全發揮原本的實力。

談判洽商時選擇熟悉的場所或店家，由於映入眼簾的全是平時習慣的事物，自然能感到安心，讓自己更自在。你的說明會更具說服力，使交涉能夠如預期地順利進行。

反之，對方因為置身於第一次到達的場所，不但容易緊張、氣勢也會減弱。因此，即使你的個性沒有刻意表現得更強勢，還是能比對方占上風。

要是對方選擇了你陌生的商談地點，不妨事先勘察一下場地。只要先了解一下周遭環境的氣氛，就能使緊張的心情大為放鬆。這個技巧不僅可運用在洽談生意，在面試、考試、比賽等情境也能發揮作用。不光是環境，建議不妨對整體情境先進行意象練習（Image Training），也能產生同樣的效果。

暗黑警句

商談致勝祕技——把對方叫來自己的陣營！

DARK SIDE PSYCHOLOGY 003

提供免費服務，用小小的試吃招術釣大魚

利用對方「不好意思」的善意回報心理

當有人對自己以友善親切的態度對待，任何人都會感到開心。**因此也會想回應對方的善意，心存感激，希望能夠以某個方式回報**。

以生活上的實例來說，日本有情人節和白色情人節。即使在情人節時收到的是人情巧克力，收到巧克力仍是件開心的事。「想表達感謝的心意」、「應該要回禮才有禮貌」等想法，使得白色情人節回送巧克力的活動能年年持續。

這樣的心理作用稱為「互惠好感」，在商場上也時常廣為運用。

例如，常可以看到百貨公司或超市，舉辦試吃的販賣促銷活動。對方帶著滿臉笑容推薦試吃商品，試吃後產生「不買有點不好意思」的心理反應，有時甚至並沒有覺得特別好吃，仍然勉為其難買下商品。

策略A：為了讓對方說出YES，要故意讓他先說NO

此外，家電量販店等銷售人員不厭其煩地為顧客說明，保險業務員為客戶準備量身訂做的保單計畫，這些誠懇的服務應對，多數也可以獲得客戶的「互惠好感」。

「都已經為我做了這麼多還拒絕他，實在有點說不過去」的心情，因而讓顧客決定購買，不由得在合約上簽名。越優秀的銷售員，態度越親切、姿態放得越低。但這或許是他們相當了解「互惠好感」的效果。

運用「互惠好感」的推銷活動，類似的技巧還有「以退為進法」（door-in-the-face technique，又稱門在臉上策略、留面子效應）。這個技巧名稱的由來，是因為挨家挨戶拜訪的推銷員，以「顧客的門必定會立刻關上」為前提而進行動作，就如命名般，一開始先故意提出誇張而絕對會被拒絕的要求。

當然，顧客如預期中拒絕了，但「拒絕他人」的罪惡感也油然而生。利用這個心理，接著積極提出原本希望顧客答應的請求。

例如，店員詢問：「這個十萬圓的商品如何呢？」顧客回答：「有點貴耶。」於是，店員立刻又問：「那麼，這件五萬圓的商品怎麼樣呢？」顧客就會認為這個金額還在預算以內，而心生動搖。

接著，店員再加上臨門一腳，補充說明「現在正舉辦免費送到家的服務喔！」，加強顧客購買意願。店員本來要推銷的就是五萬圓的商品，為了順利銷售，故意一開始推薦十萬圓的商品，讓客戶拒絕。

「一開始拒絕實在很不好意思，所以要是能力範圍內幫得上忙，就想助對方一臂之力」，店員與業務就是巧妙運用了「以退為進法」的心理策略。

試吃活動中隱含的心理技巧

這個好好吃。可是好貴喔。不過，我都已經試吃了……

試吃後卻不購買的愧疚心情油然而生，只好買下本來沒有要買的商品。

策略B：一開始提出小小的要求，再逐漸提高要求

試吃促銷攤位上，如果推薦的商品正好是自己喜歡的，接受之際也會產生感謝的心情。但是，偶爾也會遇到討厭或沒興趣的商品，不是嗎？於是，這次換成「姑且接受」的想法發生作用了，也就是產生「聆聽對方請求」的感覺。

當人們開始聆聽較小的請求，就會希望保持自己行動的一致性，所以後來也開始覺得「不能不聽這個人的請求」，這樣的心理稱為「認知的一致性原則」（consistency principle）。

也就是說，在試吃促銷活動上，不論客人是否喜歡所試吃的商品，最後都會採取購買的行動，是一個魔法的技巧。

像這樣運用「認知的一致性原則」的銷售技巧，稱為「登門檻效應」（foot-in-the-door technique），這是一個古典的手法，也就是在挨家挨戶拜訪時，先用腳卡住門縫，向對方請求「聽我一句話就好」，因而最後成交的機率很高。

暗黑警句

為了讓對方承受你的恩情，一開始先親切以待。

語尾加上「～對吧？」，使對方產生意見相同的錯覺

KEYWORD
贊同的語尾

想讓提議順利通關，關鍵在發言的語尾

假設要和朋友一起去吃飯時，大家意見分歧。有的人說「燒烤比較好」，有的人提議「想吃中華料理」，也有人說「想吃日本料理」。如果你想吃燒烤，就必須說服其他想吃中華料理和日本料理的人。這時很重要的一件事，就是你說話時的語尾。

光是說「那一家燒烤很好吃」、「那家燒烤很便宜」、「我想吃燒烤」，可能無法達成目的。因為這樣的講法只是直接把自己的印象和希望說出來而已，無法改變其他人想吃中華料理及日本料理的心意。

因此，不妨試著改一下語尾，例如「那家燒烤很好吃，對吧？」、「那家燒烤很便宜，不是嗎？」、「大家都想吃燒烤，對不對？」，**以這類「對吧？」、「不是嗎？」、「對不對？」等句子作為結束語尾**。

神不知鬼不覺，把對方拉攏到自己的陣營

使用「對吧？」、「不是嗎？」、「對不對？」等語尾，**帶有「確認對方的意見也和自己相同」的語意**。另外要注意，不是以詢問的口氣說：「那一家燒烤很便宜？」，而是以徵求同意的語氣問：「那家燒烤很便宜，不是嗎？」這種句法能在不知不覺間，誘導對方贊同自己的意見。

直接詢問「那一家燒烤很便宜？」，或許會使對方開始思考「咦？是這樣嗎？」。如果是以徵求同意的「很便宜，不是嗎？」，對方也會不由得說出「的確是耶」等反應，很自然地贊同你的意見。

當然，在討論中只靠著一句「那一家燒烤很好吃，對吧？」，就希望其他想吃中華料理及日本料理的人轉向支持吃燒肉，並非那麼容易的。

但是，如果能在交涉談話的關鍵處，三不五時插入「對吧？」、「不是嗎？」、「對不對？」等語尾徵求對方同意。對方也會在不知不覺中出現「和你持有相同意見」的錯覺。

暗黑警句

以對方容易同意的句型，誘導意見。

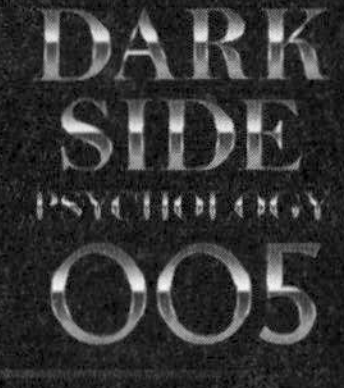

加上「因為～」，讓請求更容易被接受

KEYWORD
自動化反應行為模式

只要附上理由，成功說服的機率就大幅提升

「拜託你！什麼都不要問，答應我的請求就對了！」

這句像是在漫畫或連續劇裡會出現的台詞，很可惜並不適用於現實生活當中。想要說服他人、請別人答應你的請求時，需要簡單說明「基於這個理由，希望你能答應我的要求」。如果像上述的情況，不表明任何原因就希望對方答應，幾乎可說是天方夜譚。

當然，若是理由能具有說服力最好，但希望你記住，**即使是雞毛蒜皮的理由，也能使說服的成功機率大增**。

這叫做「自動化反應行為模式」（Automaticity），是美國心理學會也給予極高評價的哈佛大學心理系教授艾倫・蘭格（Ellen J. Langer）透過心理實驗得到的結論。

即使是不成理由的理由，也能被接受

為了驗證「自動化反應行為模式」，蘭格進行了一個影印機實驗。他分別以三種形式，對正在排隊等待複印資料的人提出「能不能讓我先插隊影印」的請求，比較三種形式的成功比例。

第一種形式是不說任何理由，只表達希望對方能讓自己先影印，這種情況下，有六〇％的人同意插隊。

第二種形式則是以「我時間很趕，能不能讓我先影印」為理由要求插隊，結果成功率大幅上升，九四％的人表示同意。

第三種形式也是提出理由，但其實是不成理由的理由，聽起來很可笑。「因為我需要影印，可不可以讓我先印？」正在排隊等著影印的人當然也需要影印，這個理由實在很牽強，但竟然有九三％的人允許插隊。

不論合不合理，只要提出一個理由，對方就容易答應你的請求。

暗黑警句

即使理由很牽強，還是比毫無理由更容易讓人們答應。

以「這件事只告訴你」作為武器，讓獵物如願進籠

KEYWORD
稀有性原則

名牌商品的魅力在於稀有性

人為什麼會受到名牌商品吸引呢？這是因為「稀有性原則」（principle of scarcity）的作用。

同一張桌子，「陳列大量商品」與「陳列少數商品」相較之下，即使是同樣的商品，也會認為「陳設數量少的」商品看起來比較好，這就是稀有性原則。

曾有實驗證明稀有性原則。社會心理學家斯蒂芬．沃爾（Stephen Worchel）要求受試者試吃放入瓶子的餅乾。雖然瓶子裡的餅乾一模一樣，只是分成「瓶子裡裝了十片的餅乾」以及「瓶子裡裝了兩片的餅乾」，但實驗結果發現，多數受試者都覺得「只放兩片餅乾」的那瓶比較好吃。**明明是相同的餅乾，只因為數量較少，就能令人覺得品質較佳**。

名牌商品受歡迎的原因，正是稀有性原則發生作用。

同樣適用人際關係的稀有性原則

廣告中常用「〇〇藝人也愛用」的宣傳詞，同樣是運用稀有性原則。強調「這商品連〇〇也愛用喔」，除了帶有向消費者保證商品品質的意義，但所傳遞的訊息不僅如此。

即使商品本身到處可見，並不具備稀有性，但加上了「其實連〇〇也愛用這個商品」的稀有性情報，企圖提高商品的價值。

「一天限量提供三十份」、「〇〇店限定商品」、「期間限定販賣」等限定商品，就是利用稀有性原則，提高消費者購買意願的絕佳範例。

以上都是說明商品運用稀有性原則的例子，其實稀有性原則也能運用在人際關係。

告訴對方某個資訊時，不是平鋪直述就好，**而是先加上一句「這句話只告訴你一**

個人」、「因為是你，我才說」等，以稀有性原則讓對方覺得這個資訊很重要。

比起普通無奇的傳達，可以讓對方感受到該資訊的重要性，甚至讓對方覺得感謝。

另外，「竟然告訴我這麼重要的事」＝「我也具有重要的價值」、「我比別人更受到重視」等，**讓對方覺得被另眼看待，能夠挑動對方的自尊心，拉近你們之間的距離。**

「只告訴你一個人」、「因為是你，我才說」等，就算內容並不是真的很重要，也沒關係，這時重要的是

運用「稀有性原則」的求婚大作戰

讓交往的對象產生「不想失去對方」的心情，是「稀有性原則」運用在戀愛上的關鍵。

讓對方覺得「這麼重要的話，你只告訴我一個人」。

見面機會的稀有性，也能成為戀愛助力

每次見面就不斷地強調「我只告訴你一個人」，稀有性反而會降低，甚至使對方失去信賴感，為了獲得對方信任，希望你要掌握關鍵再使用。

單就「贏得信任，加深與對方的關係」這層意義來看，除了職場以外，稀有性原則在戀愛等私人領域也是能加以運用的心理技巧。

在戀愛方面運用稀有性原則，除了「只告訴你一個人」之外，還有其他技巧。

「不容易碰到面」、**「以後應該不會碰到面」等少有的見面機會，利用稀有性，就是其中一種技巧**。例如，睽違數年才見面的同學會、升學、就業、調職等日後可能見不到面的狀況，此時你的稀有性大幅提高，是告白的大好機會。

如果對方對你抱著好感，加上稀有性原則的催化作用，讓對方產生「不想放開你」的心情，告白成功的機率就能大大提升。

稀有性價值的談話內容，能撩動對方的自尊心。

DARK SIDE PSYCHOLOGY 007

讓對方連續答應小事，大事也能痛快允諾

主動出擊：進入正題前，先設法讓對方說出數次YES

談判場合有效的心理技巧之一是「YES肯定句法」。

這是上門推銷的業務員愛用的推銷技巧，**進入正題前，先以輕鬆的話題，若無其事地讓對方一再地說出「好的」、「對的」等肯定句，把對方引導至自己的步調，進入正題時就能順利讓對方自然首肯說「是」**。

例如，交涉剛開始的閒聊，說些「今天天氣真好」、「天氣已經變暖和了」、「這一帶很安靜，真是好地方」等，藉著對方無法否定的話題，讓對方重複地說出肯定的回答。

當對方一再地說出肯定句時，將逐漸難以說出否定的回答。進入正題時，面對「只需一個月就好，請您試試這個商品」，對方也將不由自主說出「YES」。

KEYWORD
YES肯定句法

防禦啟動：接納對方主張的同時，提出你的主張

YES肯定句法，說起來似乎是採取攻勢的對話技巧，其實也有防守的技巧，例如「Yes－If技巧」以及「Yes－And技巧」。這兩個YES技巧是當對方提出交涉時，一邊接受對方的說詞，一邊提出自己的主張。

Yes－If技巧就好比是對方提出不合理條件時，告訴對方：「我知道了。但是，只要答應〇〇，我們就沒問題。」像這樣接受對方條件的同時，也提出自己的條件。比方說，對方以低價要求承接工作時，以「我知道了，但是交貨期限請你多給兩星期左右」作為交涉條件，就是Yes－If技巧。

Yes－And技巧則是先接受對方提案，然後表示：「我知道了，若是這個內容，用我們這個方法或許能順利完成。」換言之，你自己也提案，不過避免直接以「但是」來否定對方。

不論Yes－If技巧還是Yes－And技巧，都是一邊吹捧對方，一邊說出該主張的事項或要求，可說是成熟人士的技巧。

暗黑警句

一句「YES」，攻守皆宜。

DARK SIDE PSYCHOLOGY 008

主詞以「大家」代替「我」來說服對方

就算知道正確答案，仍會在意旁人的想法而無法選擇

假設你和好幾個人聚成一團搭電車，團體中有個人指著窗外說：「有隻很稀奇的鳥在飛。」你凝神細看卻沒看到鳥，但是除了你以外，大家七嘴八舌地說「真的耶」、「沒看過這種鳥」、「這種鳥叫什麼名字呢」，你怎麼也說不出其實沒看到鳥，於是配合大家附和著「真的耶，好特別的鳥」。

你有沒有類似這樣的經驗呢？

我原以為這是不擅自我主張的日本人特有的傾向，但美國心理學家所羅門・阿希（Solomon Asch）、比伯・拉丹（Bibb Latane）已分別以實驗證明了人類這樣的心理動向。像這樣配合周圍反應而行動的情況，心理學上稱為「從眾效應」（conformity）。阿希透過以下的實驗來證明從眾效應。

KEYWORD
從眾效應

首先，提供A線作為基準長度給參加實驗的受試者看，然後再拿出長度不一的三條線讓受試者看，要求他們選出和A線相同的線條，調查回答正確答案的比例。

選出正確線條的測驗本身很簡單，受試者單獨接受測試時，九九％的人都答對。

然而，當分成七～九人一組進行測試時，正確率卻降低到六八％。

實驗的重點是七～九人的小組中，真正的受試者只有一人，其餘成員都是心理學家阿希安排的暗樁。

受試者以外的暗樁明明知道哪一條線才是正確答案，卻故意選擇錯誤的回答。

除了自己以外的人一致選擇錯誤的答案，

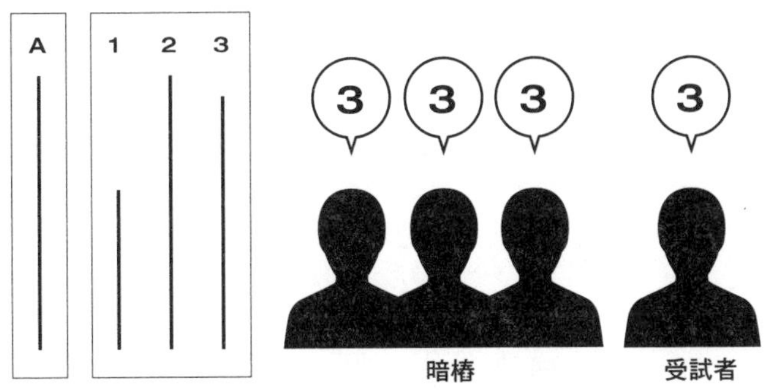

「阿希的從眾實驗」測試發現，即使是錯誤的答案，
人類仍會人云亦云跟著選出錯誤答案的從眾心理。

使得受試者難以選出正確回答，因而附和其他人而選了錯誤的答案。

然而，當暗椿中有一人選了正確答案時，受試者也容易答出正確答案，正確率可上升到九四％。

即使受試者確實知道哪個才是正確答案，但要抗拒周圍的氣氛選出與眾不同的答案有多麼困難，從阿希的實驗可以一目瞭然。

利用多數派的意見，動搖他人的立場

拉丹也以實驗觀察人類心理反應，證實了「從眾效應」。

拉丹的實驗要求受試者挑選一個喜愛的顏色。和阿希的實驗設定一樣，在受試者中安排暗椿。

在實驗中，拉丹先請這些暗椿挑選同樣的顏色。結果，當暗椿都選擇同一顏色時，三一％的受試者和暗椿選了同一個顏色。

三一％看起來似乎並不多，但在心理學上是一個不能忽視，相當高的數值。

無論是阿希或拉丹的實驗，都證明了人類容易附和周遭多數意見的傾向。

反過來說，利用多數派的意見，能影響其他和自己意見不同的人跟從，或掌控部分難以決定意見的人。

與意見相左的人交涉時，主詞不要用「我」，而是以「大家」、「我們」、「在場的人」等這種讓人認為是多數派的主詞。不要說「我這麼認為」，而是強調「多數人這麼認為」。當對方認為你的意見是多數派的意見時，對方的意見也應該會出乎意料地容易改變。

遇到公司內部會議時，**先事前疏**

不著痕跡地推掉麻煩的工作！

被委託麻煩的工作時，
趁著氣氛熱烈利用「從眾效應」，把工作推給他人。

通，讓你的同伴也主張相同的意見，醞釀出一種「這才是多數派意見」的氣氛，就是運用從眾效應的技巧。

簡報之際，找出能成為自己意見後盾的數據資料，強調「使用者有八成是這個意見」、「有八成的企業採用」等，你的提案就容易成功過關。

常識和人氣排行，也是加強說服的好材料

不僅是「大家」或「我們」等主詞，**運用「常識」之類的關鍵字，也是有效讓人認為這是多數派意見的做法**。

例如，不同的公司或組織，都有大大小小的獨特規則，剛開始接觸到這些規則時，可能會有些疑惑。

不過，比起只說「你要做到●●」、「請你做○○」，若是表達「●●在我們這裡是常識」、「在這一行，○○是常識」，更容易令人服從。這是因為「常識」一詞，會令人聯想到背後是多數人的意見。

合併上述說的「大家」，使用「常識」一詞，能夠更輕易讓對方認為你的意見屬於多數派的意見。反過來說，如果你是被說服的一方，當你似乎會因為周圍「這是多數人的意見」而人云亦云，希望你能注意可能是從眾效應的作用，要避免受影響，堅持自己的意見！

另外，也要注意多數派意見和自我意見對比論點的「社會比較理論」（Social comparison theory）。這是由社會心理學家利昂．費斯汀格（Leon Festinger）提出的思考方法，指的是「藉由與周遭他人的比較，來進行自我評價」的欲望。

例如，**如果自己喜愛的商品受到多數派歡迎，就會比較安心，正是社會比較理論的一個例子**。有很多人看到電視、雜誌等報導的人氣商品排行，發現自己喜愛的商品高居第一名時，就會很開心。

利用這個理論，行銷時就可以推出人氣排行榜——「這個商品人氣排行高居第一喲！」（受到多數派歡迎喔）來推薦商品。對於那些喜歡做出「和多數派相同」選擇的人，是非常有效的技巧。

暗黑警句

善用人們容易受多數派影響的心理傾向。

DARK SIDE PSYCHOLOGY 009

希望對方購買商品，就不要「強行推薦」

正面進攻不行，就使出以退為進的說服法

有句俗話說「正面進攻不行，就以退為進」，這在心理學上也能得到證明。向顧客推薦公司商品之際，有時如連珠砲地說明商品優點，熱切推薦「買了絕對沒錯！」，對方卻怎麼也不買帳。

當然，有時一味採取進攻的方式來說服，確實能收到效果，但也有些人在感受到單方面受到強迫時，反而不想購買。

對於那些「對自己的判斷有自信，希望自行經過邏輯思考再做決定」的人，如果直接告訴對方「買下來比較好」的結論，反而會造成反效果。

對於這種類型的顧客，不妨採取「暗示說服法」。

只提供資訊，把最後的決定權交給對方

所謂「暗示說服法」，就是只告訴對方商品相關資訊，至於買或不買的最終判斷則交給對方的技巧。另一方面，如果連「絕對應該要買」的結論都說出口，這樣的推薦說服法則是「明示說服法」。

明示說服法適用於不擅長自行下判斷，容易人云亦云、優柔寡斷的人。反之，像上述喜歡自己做決定的類型，最好使用暗示說服法。

對於那些不喜歡和別人商量、習慣自己做決策的人，**只需告訴他商品的正面資訊，不要直接說出「買下來比較好」的結論**。

藉由提供資訊，**讓對方擁有「根據這個資訊自行判斷」的滿足感，暗中引導至買下商品的最終結論**。

受暗示說服法而產生反應的對象，通常具有「固執於自行做出結論、堅持這麼做才正確」的傾向（這就是一致性原則）。因此，只要能讓對方立場傾向「我要買」的結論，勝利就屬於你了。

暗黑警句

面對自信滿滿的人，不要為他下結論，要讓他認為是自主的判斷。

DARK SIDE PSYCHOLOGY 010

為了讓對方聽進要求，故意提出難題

推銷業務員的超說服祕技，總之要先被拒絕

希望對方答應請求而使用的心理學技巧五花八門，其中設有圈套又極有效的就是「以退為進法」（又稱門在臉上策略、留面子效應）。

這個技巧是美國業務員上門推銷所使用的技巧，名稱由來是「上門推銷時，在門被關起來的瞬間，突然把臉撞上去」。**如同突然被關上門般，一開始大膽地提出較大的請求是一大關鍵**。

例如，突然向朋友請求「借我一萬圓」，多半會被拒絕不是嗎？但是，如果接著提出「那麼，借我一千圓」的小請求，借到錢的可能性就會大幅提高。

借一萬圓被拒絕，接著借一千圓卻被接受的理由，從心理學的理論來解說是這樣的——

KEYWORD 以退為進法

暗黑警句

利用對方拒絕你所產生的罪惡感達成目的。

首先，拒絕借出一萬圓的「大請求」時，對方心裡會產生罪惡感。其次再把金額降低，換成「較小的請求」時，對方容易因為先前的罪惡感，而答應較小的請求。

換句話說，明知會被拒絕，**先提出原本就不可能被接受的請求，利用對方因拒絕而產生的罪惡感，降低門檻提出真正的請求**。

以對方的角度來看，一旦有了「一直拒絕實在很抱歉」、「如果是這個程度的請求，接受也無所謂」的心理狀態，就會不由自主地接受你的請求。

從較小的請求開始，也是一種選擇！

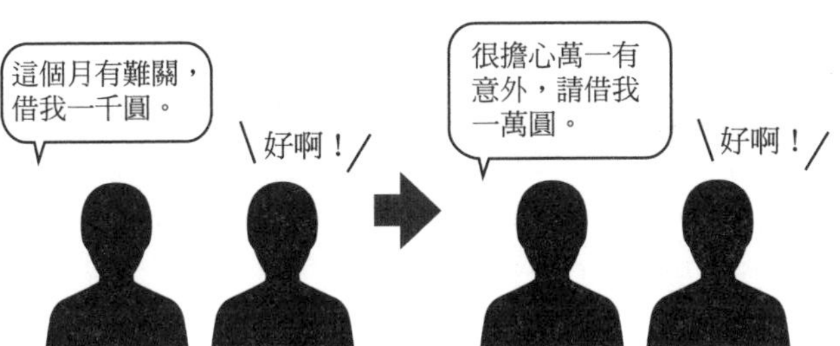

最初先提出小請求
這個月有難關，借我一千圓。
好啊！
再提出原本想要的大請求
很擔心萬一有意外，請借我一萬圓。
好啊！

與「以退為進法」相反，交涉時善用「登門檻效應」，先提小請求，再漸漸提大請求也能有很好的效果。

DARK SIDE PSYCHOLOGY 011

從姿勢看穿對方的心理，以肢體接觸消除戒心

KEYWORD
開放姿勢

開放內心與封閉內心的姿勢

人們所採取的動作或姿勢，通常在無意間表現出當事人的心理狀態。也就是說，只要檢視對方的動作或姿勢，就能看穿當事人的心理。

面對面的姿勢，可大略分為「開放姿勢」與「封閉姿勢」兩大類。

開放姿勢是信任交談對象，對於聽到的內容持肯定態度的姿勢。這時候的姿勢是以身體正面迎向對方，如果是坐姿，雙腳會微微打開，手放在膝蓋上或桌面上。有時對方的手心也會朝上讓你看得到，談話中偶爾會改變手勢，以及不時注視你的眼睛。

相對的，封閉姿勢則是對於交談對象抱著戒心，對於所聽到的內容持否定態度的姿勢。

不經意的肢體接觸，就能拉近關係

封閉姿勢不會以身體正面迎向對方，而是傾向側身或斜向和對方談話，目光也會避開而避免注視對方。雙手抱胸也是一大特徵。如果是採坐姿，則會雙腳交疊，看起來就像封閉身體的姿勢，顯示出心理也是封閉的狀態。

包括內心封閉的人在內，肢體接觸是有效縮短與對方距離的方式。

一談到肢體接觸，可能多數人聯想到的都是情侶之間的互動。其實這也是能運用在多數人際關係的技巧。

透過心理學的實驗，驗證了以下的肢體接觸效果。在街頭進行問卷調查時，第一組在進行調查時有輕微的肢體接觸，另一組則是毫無肢體接觸，問卷調查結束後，故意讓問卷調查表在接受問卷的受試者面前掉落，結果有肢體接觸的一組，受試者協助撿起問卷表的比例較高。

由此可知，透過肢體接觸，能消除對方的戒心。因此，希望你在其他人際關係互動也能擅用握手或輕拍肩膀等肢體接觸。

暗黑警句

身體呈開放的姿勢，猶如宣告心理狀態也是開放的。

DARK SIDE PSYCHOLOGY 012

適時中斷談話，取得主導權

意猶未盡的感覺，令人更記憶深刻

與人交涉時，重要的是掌握談話的主導權。

例如，和朋友討論放假要去哪裡玩時，主導談話的人想去的地點就容易成為最後定案的目的地，不是嗎？所以主導對話是極為重要的。

為了掌握談話的主導權，能運用的技巧是蔡戈尼效應（Zeigarnik Effect）。蔡戈尼效應是一種與人類記憶有關的現象，是蘇聯的心理學家布爾瑪．蔡戈尼（Bluma Zeigarnik）以實驗證實的心理作用。

在實驗中，蔡戈尼先請參加實驗的大學生做一些簡單的課題。她把受試者分成兩組，第一組是「課題進行到最後」，以及「中途打斷他們答題」的第二組。然後，再調查哪一組對課題的印象比較強烈。實驗結果發現，中途被打斷答題的第二組，他們

KEYWORD
蔡戈尼效應

對於課題印象比第一組更深刻。

無所不在的蔡戈尼效應

從蔡戈尼的實驗結果可以說明，比起全部完成的任務，未完成的任務更容易留在人的記憶中。

由於工作完成時，緊張感也跟著結束，不會繼續留在記憶中；然而，工作仍持續進行的情況下，緊張感會持續，所以也容易留在記憶裡。

你是否曾有這樣的經驗？當天必須完成而沒有完成的工作，就會一直留在腦海中盤旋不去。如果工作依預定計畫完成，那件工作從你腦海中徹底消失的可能性就相對很高。這就是蔡戈尼效應。

和記憶結構相關的蔡戈尼效應十分實用，能運用在許多不同的情況。

例如，連載漫畫最後一頁，描寫主角面臨重大危機，試圖牽動讀者好奇，引發「下一回會怎麼發展」的關注，就是蔡戈尼效應的作用。由於故事在這一回還沒結束，要等下一回才能知道後續發展，所以更容易留給讀者強烈的印象。

電視綜藝節目在觀眾注目的場景，或在關係到後續結果的重要一幕切進廣告，給觀眾強烈印象而引起興趣，也可以說是蔡戈尼效應。

蔡戈尼效應也能運用在日常談話中。

具體的做法，是在談話正熱烈時中斷。如同漫畫、連續劇、綜藝節目在正精彩時結束一樣，當談話氣氛正熱烈時，不妨找個理由結束談話吧！

利用談話被中斷，讓對方陷入焦慮，而不經意說出YES！

想讓優柔寡斷的對象斷然下決定時，也可以運用「蔡戈尼效應」。
趁對方陷入無法清楚回答而感到焦慮的情況，不經意說出「YES」。

以中斷對話，勾起對方興趣

中斷談話的藉口，使用「有人打電話給我」、「想去一下洗手間」等理由也無所謂。

在談話正精彩之際，趁話題還沒收尾先告一段落離席，對方反而會更在意後續內容，當你稍作離席後再回頭繼續交談，掌控對話發球權的就是你了。

如果以這樣的流程來進行交涉，應當能獲得有利的結果不是嗎？

除了運用在交涉以外，蔡戈尼效應也適用於戀愛情境。

當你和心儀的對象聊天時，試著在話題正熱烈時，找個適當理由藉故中斷對話後回家，**能令對方同時對話題和你留下強烈的印象，也能促使對方產生「還想再見到你」的想法**。

不要因為和心儀對象談話很開心，就忍不住想一直聊下去，以致聊過頭。一旦讓對方的好奇完全被滿足，對方想和你再見面的欲望就會下降。

以曲線圖來看，應該要在對方的滿足度到達曲線最高點以前，就此打住。

暗黑警句

在談話最熱烈時中斷，掌握對話的主導權。

013

誇獎品味後，只差臨門一腳就能贏得談判

KEYWORD 自我重要感

談判前先讚美對方！有好心情，就好說話

一坐下談判桌，看到對方一副心情很糟的模樣，任何人應該都會不安。相反的，若是對方滿臉笑容，就令人放心，認為交涉應該可以順利進行。

比起心情惡劣的情況，任何人都是在心情愉悅時，更願意接受對方的請求。

讓心情變好的關鍵，就是「自我重要感」。**人們對於自我存在價值的感受會有心情波動。若是能巧妙刺激自我重要感，交涉也能更順利**。

雖然為了刺激自我重要感需要讚美，但也並非一味讚美就好了。例如，為客戶簡報時，如果只是一味地讚美客戶，反而會讓客戶覺得被愚弄，感到不愉快。

能否看準時機讚美對方，讓對方有好心情，是交涉順利的關鍵。

重點是讚美對方的品味。例如，如果交易對象是社長，就稱讚社長室擺設的畫

作、花瓶、身上的領帶或手錶。

不是讚美物品本身，而是「你挑選這個物品，眼光實在太好了」，讚美對方的品味。

因為品味很不容易養成的，讚美對方品味，比你想像中更能搔中對方癢處。

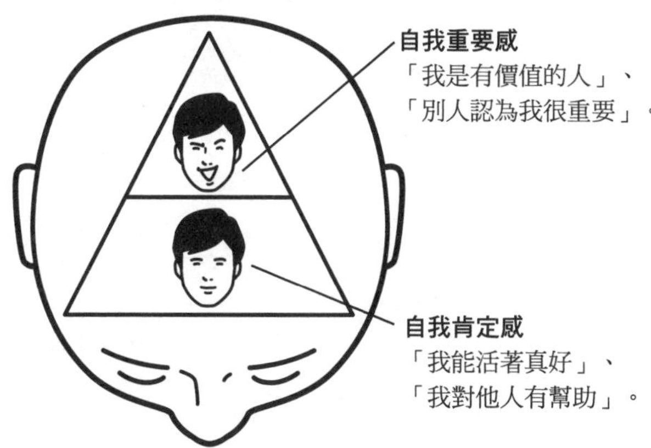
自我重要感與自我肯定感
自我重要感
「我是有價值的人」、
「別人認為我很重要」。
自我肯定感
「我能活著真好」、
「我對他人有幫助」。
自我肯定感低的人不擅長溝通。
自我重要感高的話，才能產生自信，引起他人注意。

看穿你「暗黑程度」的心理測驗 01

這是暴露你內在本性的心理測驗，

藉由不可告人的深層心理測驗，赤裸裸地揭露內心，

面對心理上的問題要防範未然！

問題

01

你正走在森林中。
突然感覺背後出現了什麼東西，
回頭一看，原來出現了一個可愛的妖精。
這個妖精出現的場所是？

箱子裡	地上

圍欄上	樹上

診斷

01

判斷你有多「狡猾」

這是判斷你在不良方面動腦筋的「狡猾」程度測驗。
妖精所在的位置或高度，暗示出你逃避內在討厭的事物，
企圖將渴望的事到手時的願望與態度。

C	A
擅長鑽營的懶散人 認為妖精應該是在封閉箱子裡的你，屬於討厭的事情就想推給別人做的類型。雖然希望獲得報酬，卻又不想涉足麻煩的事物，相當狡滑。	**想盡辦法沾光的跟班** 想像妖精出現在地面上這個較低位置的你，為了取得利益，不會排斥去逢迎、諂媚地位比你高的人。
D	**B**
巧取他人功勞的土狼 圍欄是應該跨過去的東西。選擇D的你，思考如何以輕鬆的手段達到目的的狡滑智慧是第一名，有時甚至不惜搶奪他人功勞。	**飢渴精神旺盛的投機取巧者** 位於高處的想像，表示強烈出人頭地的欲望及志向。具有為了成功不惜犧牲他人，或將對手踢開的狡滑智慧。

問題

02

關係公司存亡的簡報任務
落在你的身上，
你會如何進行事前準備呢？

盡可能和同事一再地會談商量簡報。

B

把事前準備交給同事，自己則和關係企業進行事前商討。

沒有特別振奮，以平時相同的準備來迎接挑戰。

在社群網站大肆炫耀這次的企畫有多厲害。

診斷

02

了解你會選擇「什麼樣的報復手段」？

這個心理測驗反映出你在關鍵時刻的局面，

對於憎恨的人會如何準備復仇計畫。

透過你採用的手段，

應該可以看出你會令對手的地位或名譽下墜到什麼程度。

C

熱血型

你屬於任何事都希望從正面進攻的熱血漢子。正面硬碰硬對幹後，仇恨便跟著煙消雲散，甚至能與對手建立起友誼的直腸子爽朗性格。

A

完美主義者

不厭其煩與同事協商與周詳準備的你，為了要給對方一個教訓，想必會準備得天衣無縫吧？屬於完美犯罪為目標的類型。

D

怨念深的典型

企圖巧妙操控情報的你，內心深藏如蛇蠍般的執念。屬於會確實蒐集對手資訊，逐步把對方逼到絕境的跟蹤狂類型。

B

幕後操縱者

認為應該從周圍夾攻的你，應付幕後工作如魚得水。即使必須使用卑鄙的手段也面不改色。屬於不想樹敵的類型。

第 2 章

IMAGE MANIPULATION

把好感印象提升到200%的形象操作技巧

DARK SIDE PSYCHOLOGY 014

下巴往上抬二十度，就能使好感度提升

KEYWORD 下巴與好感度

外貌與收入高低的確有相關

雖然有句話說「人不能只看外表」，但是不同外表對於人生的影響確實有很大的差異。匹茲堡大學的弗利茲博士（Irene Hanson Frieze）針對相貌與收入關係的調查時發現，相貌姣好的人比長得抱歉的人，十二年後的年收入換算成日圓，差距高達五十八萬日圓。

德州大學的勞動經濟學者丹尼爾．哈默梅什（Daniel S. Hamermesh）也在長年累月研究相貌與經濟關係後發現，外貌平均值以上的俊男美女，他們的生涯年收入比相貌平平的人平均多達二千七百萬日圓。

相貌好壞和收入相關的理由，包括「因為長相使得周遭評價上升」、「因為外貌而自我肯定感高，擁有自信積極面對許多事情」。

運用表情帶給對方不同的印象

那麼，究竟有沒有盡可能讓外貌更好看的辦法呢？事實上，確實有提升外貌好感度的技巧。

加拿大麥基爾大學的心理學家麥諾多（Minolt）使用電腦繪圖驗證人臉的印象變化。利用電腦繪圖，以十度為間隔，調整下巴抬高的幅度，調查不同角度會帶給觀看者什麼樣的印象。結果發現，**下巴抬高二十度的表情給人非常愉快的好印象；抬高三十度則令人覺得表情傲慢**。因此，希望你務必看著鏡子練習稍微把下巴抬高的表情。

另外，建議你這時候同時練習如何做出笑臉。因為外貌印象中，表情占了非常重要的分量。**無論是怎樣的俊男美女，整天擺一張臭臉，絕對不可能讓人喜歡你，可見笑臉還是很重要的**。為了獲得好印象，希望你能看著鏡子練習笑臉。**只要練習讓嘴角上揚的肌肉，自然就能展現有魅力的笑容**。

從今天起，不妨把在鏡子前練習下巴抬高二十度，以及嘴角上揚的微笑練習，當作每天的功課吧！

暗黑警句

下巴稍微上揚就能給人好印象。

DARK SIDE PSYCHOLOGY 015

必勝內褲選紅色！穿上就能刺激交感神經

色彩和人類的內在心理密切相關

一般而言，色彩會帶給觀看者影響，人們也會表露出喜歡該色彩的內在心理，色彩和人類心理有著相當深刻的關係。

瑞士心理學家麥斯・呂舍爾（Max Lüscher）主張，透過人們選擇的喜愛色卡，可以窺見喜愛的色彩如何顯現出當事人的人格特質。

以下介紹呂舍爾的說明。

紅色是代表激情、攻擊的色彩，喜愛紅色的人屬於行動派。

橘色是代表活潑、喜悅的色彩，喜歡橘色的人精力充沛、放鬆。

黃色是代表明朗、快活的色彩，喜愛黃色的人是勤勉、野心勃勃。

綠色是代表優越感、自負的色彩，喜愛綠色的人腳踏實地且擅長忍耐。

藍色是代表沉穩、安定的色彩，喜愛藍色的人情緒起伏較小。

紫色是代表神祕的色彩，喜愛紫色的人感受性強、嚮往浪漫。

白色是代表純粹、清新的色彩，喜愛白色的人通常有冷淡的一面。

黑色是代表拒絕、放棄的色彩，喜愛黑色的人較缺乏協調性。

熱情的紅色能促進腦內物質分泌

當然，不同的國家、文化、時代，人們對色彩的印象也會改變，所以呂舍爾所說的未必符合所有人的狀況。只不過，可以參考的內容也相當多。尤其像「**紅色是代表激情、攻擊的色彩，喜愛紅色的人屬於行動派**」這樣的說法，相信認同的人應該不少吧？想必也有人曾因為看見紅色，備感心情高亢，而體會到紅色是熱情色彩。

紅色能夠刺激觀看者的交感神經，促使大腦分泌去甲腎上腺素的腦內物質，讓人精神集中、變得積極，令人處於興奮狀態。

因此，紅色帶來的心理效果有熱情活潑、積極、溫暖熱烈、興奮等。

紅色的心理效果，能在關鍵的勝負時刻產生效果。常有人說「必勝服裝是紅色」，就是因為紅色確實能讓人精神振奮，迎戰重要時刻。

只不過，利用紅色來提升自己的鬥志固然是好事，但也要考慮到，對手的鬥志也會受紅色的心理效果影響而一起高昂。

穿著紅色的必勝服裝前往絕對不能戰敗的談判場合，可能連帶激起對方的鬥志。

另外，如果是需要雙方冷靜協商的情況，因為穿著紅色的必勝服，可能容易使彼此陷入相互攻擊、交涉破

重要的日子穿著紅色內衣振奮心情

今天就是
決勝負的
日子！
紅色胸罩
紅色內褲

在簡報、考試等希望鼓起幹勁的重要時刻，就穿上紅色的內衣！
想點燃異性的欲望時，也建議以紅色應戰。

裂的風險。

因此，希望偷偷地提高自己鬥志時，建議你不妨穿著紅色的內衣。

悄悄點燃鬥志與氣勢

這也就是日本人常說的「必勝內褲」。如果是內衣，別人看不到，只會點燃自己的鬥志，因為視野不致於一直是紅色，也能保持適度冷靜；如果希望時常帶動氣氛高昂熱絡，可以選擇領帶、襯衫、手機等映入觀眾視野的紅色配件。

相反的，自己房間的裝潢、布置等最好不要使用紅色，因為在理應最能放鬆的場所，看到紅色變得興奮，反而無法讓精神好好的放鬆休息。**在自己的房間使用沉穩的色彩較為適合，例如具有轉換心情作用的白色等色彩**。若是邀請男女朋友進自己的房間，則可以布置紅色的物品作為點綴，是居家環境運用紅色較為適當的方式。

像這樣因應工作需求或私下場合的不同狀況，巧妙運用色彩對心理的不同效果，就能隨心所欲地控制自己的心理狀態。

暗黑警句

鬥志難以振奮的日子，就穿紅色的內衣吧！

DARK SIDE PSYCHOLOGY 016

想讓自己看起來地位更高，穿黑色就對了

KEYWORD

尊貴的黑色

穿著的色彩，決定個人的形象

如同上一個主題的解說，色彩對人類心理會造成形形色色的影響。就如同前面說的，紅色令人情緒振奮，其他色彩也有各式各樣的心理效果。例如看到下列色彩給人帶來的不同感覺。

藍色：冷靜、抑制、安定、專注、清爽等。

綠色：安定、調和、理智、療癒、努力等。

黃色：希望、明亮、活力、新鮮等。

紫色：高貴、神祕、浪漫、欲求不滿等。

橘色：溫暖、興奮、社交感等。

灰色：穩定、協調、彈性等。

白色：乾淨、純粹等。

利用這些色彩印象，分別運用在不同場合，就能操作自己給對方帶來的印象。

例如在工作上出了差錯，要向對方賠罪時，身上繫的領帶配件色彩，就不適合使用紅色。這時使用象徵穩定、協調感的灰色比較適當。

在較為正式的場合，若是想表現高雅的氣質，不妨使用紫色的配件。當然，即使紫色象徵高貴，倘若西裝、領帶、襯衫等，全身上下一身都是紫色，就太超過了，應當因應場合及事件情況，來決定色彩使用比例。

上一節提到，作為身心放鬆休息的居家空間，裝潢布置不適合使用紅色。但相反的，工作場合的裝潢則可以加以運用紅色或其他色彩。

在公司會議中，若是員工較少表達自己的意見，不妨在裝潢布置加入一些紅色，因為紅色是能振奮精神與幹勁的色彩。

希望會議中能進行活躍的討論，就在以紅色為主色的房間進行會議；相反的，如果需要心平氣和的討論，則選藍色為主色的房間開會，能帶來冷靜、抑制的效用。建議各位不妨依不同用途需求，採取區隔色彩的措施。

黑色具有威嚴、風格與穩重印象

談到裝潢，餐飲店等場所適合的色彩是橘色。

橘色給人高亢、社交感的印象，能讓人產生親切感，所以適合想營造溫馨氣氛的餐飲店。

就像這樣，色彩能給人各種不同印象，也對現場環境氣氛有強烈的影響，而黑色也是一種強烈的色彩。黑色雖然有孤立等負面印象，同時也有威嚴、風格、沉穩等印象感。

黑色之所以多數時候被作為喪服使用，就是因為能夠令人強烈產生威嚴、風格、沉穩感等嚴肅印象。法官等具權威性人士穿著的服裝，或是適合正式場合的禮服也使用黑色，正是因為以黑色代表權威是最合適的。

綜合上述黑色所帶給人的這些感覺，若是希望提升自己的地位、讓自己看起來有威嚴或份量，黑色就是最適合的顏色。

比方說，年輕世代的人剛開始創業進行商談時，如果穿著色彩明亮的服裝和對方碰面，很可能會被對方看輕。但是，若能選擇黑色服裝，就能帶給對方「這個人一定很靠得住」的良好印象。

就這個意義來看，**為了避免被人看輕，建議最好選擇黑色套裝**。另外，黑色屬於正統的色彩，而且適合任何人，剛開始買套裝時，不妨選擇黑色，或是接近黑色的深藍色。

如果希望產生其他心理效果，想購買其他顏色的套裝，不妨等到適應基本黑色款後再來挑選也不遲。

灰色和黃色在生意場合也有效用

除了黑色以外，灰色的套裝也是基本款。我建議第一套買黑色，第二套則選擇灰色。

相對於黑色給人的威嚴、尊貴、沉穩感，**灰色則給人穩重**、**協調**、**彈性**、**高雅**、**克制的印象**。因為具有這樣的印象特質，所以灰色能夠緩和對方的戒心。也由於灰色並非強烈主張的色彩，所以在賠罪場合時的穿著，**灰色可以說比黑色更適合**。

灰色也有襯托其他色彩的效果，所以當你遇到的招待場合是別人當主角，你也可以穿上灰色搭配。

另外，沉穩的灰色也具有讓心情平靜的效果，想要好好專注全力投入工作時，也是很適合的顏色，有助於提升工作效率。

灰色也能給人具協調性的印象，而且也很好與其他色彩搭配，運用在各種不同的場合。但反過來說，灰色並不是彰顯自我主張的色彩。因此，

賠罪時，要選擇灰色！

灰色給人「克制」、「順從」印象，
應該能讓對方產生「不要再繼續刁難」的想法。

暗黑警句

依據不同場合，運用色彩達成印象操作目的。

必須強調個人主張的簡報或商談的場合，最好避免使用灰色。

此外，在生意場合能使用的其他顏色，還有黃色。在色彩心理學上，**黃色被稱作「溝通色彩」，能帶給對方明亮的印象，希望和對方有親密互動時的場合可以發揮作用。**

和交易對象初次見面，或工作面試場合使用黃色領帶，或許能帶給對方開朗有朝氣的印象。

不同色彩展現不同個人風格印象

建議把色彩印象當作打扮時的點綴重點。
例如，黃色給人活力朝氣的印象，
容易取得上司好感，達到操縱目的。

DARK SIDE PSYCHOLOGY 017

改變說話方式，就能逆轉失敗印象

改變詞句順序，就能翻轉印象

A：「他雖然邋遢，卻很溫柔。」

B：「他雖然溫柔，卻很邋遢。」

A和B說的內容相同，印象卻大不相同。A的說法給人印象較強烈的是「他很溫柔」；但B則是「他很邋遢」的印象較為強烈。

類似這樣改變句子的結構，給人的印象就會改變。這樣的結構稱為「詞組」（phrase），米蘭大學的凱魯尼博士（Černy）曾進行一個有關詞組的實驗。

凱魯尼博士找來兩百二十個人分別提供兩種簡介。兩種簡介都是建議接受癌症篩檢的內容，第一張寫著：「不接受篩檢的話，不僅是癌症，還可能錯過重大疾病的發生，將導致難以收拾的後果。」，第二張則寫著：「接受篩檢的話，不僅是癌症，重大疾病也可以及早發現，令人更安心」。

即使傳達的內容相同，換個說法，結果不同

詢問讀過簡介的人，哪一張會讓他們想要接受篩檢，結果是第一張寫著「將導致難以收拾的後果」有更高的比例願意接受篩檢。

兩張簡介所表達的內容相同，但是相較於第二張「可以及早發現重大疾病，令人更安心」，第一張「錯過重大疾病的發生，將導致難以收拾的後果」，傳遞出煽動性的危機感，讓閱讀者強烈感受到「不接受篩檢不行」。

即使是相同的資訊，只要變換表達的順序等詞組，給人的印象就會大大改變。

例如，在個人簡報一定要通過的會議場合，即使是傳遞相同的數據資料，光是「四成失敗」和「六成成功」的說法給對方的感受，就完全不同。

「四成失敗」給人失敗的印象變得強烈，但「六成成功」能使得成功的印象變得強烈，想必也會對你提出的計畫信任度變高。

不同說法的表達方式，可以操作他人對你的印象。

DARK SIDE PSYCHOLOGY 018

為了保持威嚴，逞強也要穿西裝打領帶

KEYWORD 初始效應

多數情況，人們常光憑外貌就下判斷

相信任何人都曾體會過，隨著穿著打扮的不同，塑造出給別人的印象也有很大的差異。根據心理學家艾伯特．麥拉賓（Albert Mehrabian）的研究，人們**覺得某個人物有魅力的因素，五成來自表情、四成是說話方式及聲音、實際的說話內容只占了一成**。

換句話說，相較於說話的內容，人們其實以更多比重的外表、氣氛因素來判斷一個人，由此可知穿著的服裝及打扮方式的重要性。

當你第一次拜訪客戶，不論你多麼誠心誠意地說明，如果你身上穿的衣服、鞋子看起來破爛陳舊，對方就不會認真地把你的話聽進去。

何況，根據心理學家所羅門．阿希（Solomon Eliot Asch）的實驗結果，**第一印象對於之後的人際關係也會造成很大的影響，更證明了穿著打扮的重要性**。

想保有權威感，盛夏也要穿套裝

在上述的阿希實驗中，在介紹某個人物時，前一組依「知性」、「勤勉」、「衝動」、「批判性」、「頑固」、「嫉妒心強」先後順序介紹該人物性格；後一組則是將順序反過來，先從「嫉妒心強」開始，介紹到最後的「知性」。

分別問兩組對該人物的評價時，前一組的評價較高，這是因為一開始聽到的「知性」印象一直維持到最後，這在心理學上稱為「初始效應」（primacy effect）。

由於初始效應的影響，不論你是和公司內部同事或外部客戶碰面，希望你都要注意穿著打扮。就這層意義來看，應當不要拿掉領帶，也不要脫掉西裝外套。

現在導入休閒服制度的公司增加，雖然沒繫領帶的政治家也不在少數，但政治家沒有因為不繫領帶而被看輕，是因為一開始就擁有地位高的外在印象。

若是想塑造有威儀的個人形象，就需要西裝領帶。就算是大熱天，也要有面不改色穿著西裝外套的從容。

暗黑警句

因為多數人會以貌取人，所以西裝領帶是必要的。

DARK SIDE PSYCHOLOGY 019

占住對方視線的右側，光這麼做就能讓別人覺得你很厲害

KEYWORD
視線法則

右側的魔法！位在右側的人感覺比較優秀

你是否知道坐下來時，應該選擇什麼座位才好呢？或許在工作場合必須顧慮尊卑，在男女聯誼時則會選擇目標對象的附近座位，但**重要的是，要坐在從「對方角度看出去」的右側**。

這是基於「視線法則」運用的技巧。所謂視線法則，就是人們從自己的角度來看，對於位於右側的事物更有好感、覺得較占優勢（認為是優異事物）的法則。

此外，就如同人們閱讀橫排文字時，視線都是從左往右移，最後看到的事物留下的印象較為強烈，稱為「時近效應」（recency effect）。

留意時近效應，**在聯誼時坐在對方視線的右側也是一種策略**。只不過，若是坐得太遠，就算是右側也於事無補，所以仍需視情況而定。

暗黑警句

讓對方在不知不覺中認定你很優秀。

如果坐在正對面有困難，就坐在對方旁邊。這是利用心理學家斯汀澤（stinzer）的「斯汀澤效應」。人們與坐在相鄰座位的人更容易交談。如果正面相對會緊張的話，不妨挑選對方旁邊的座位吧。

另外，雖然視線法則中，座位高比座位低的人更占優勢，但是在會議或聯誼的場合，不太可能座位高於他人，所以不妨先注意「取得從對方角度來看的右側位置」就可以了！

坐在心儀對象的斜右方

在聯誼中能運用「視線法則」技巧，
利用人們心理作用，位在右側的人通常看起來更耀眼。

DARK SIDE PSYCHOLOGY 020

右臉看起來強悍，左臉看起來溫柔

人的臉孔並非左右對稱

一般人可能認為人的身體應該是左右對稱，但實際上並非如此。有人左手比右手長，有人則是左右手的手指長度不相同。

以棒球投手來說，據說投球時慣用的那一隻手通常比另一隻手長。

相同的，人臉也並非左右對稱。

你是否曾把照鏡子時看到的臉和拍照時的臉互相對照，覺得看起來似乎不一樣？這是因為映在鏡子裡的臉左右相反的關係。

由於臉孔的右半邊和左半邊有微妙的差異，所以鏡子裡左右相反的臉，與照片中並非左右相反的臉孔印象並不一樣。

如果利用電腦合成，先把臉的右半邊反轉，再與實際右臉合成一張臉時，呈現出來的效果將與本人實際樣貌大不相同。

右臉給人感覺精明專業，左臉看起來溫和友善

像這樣臉的右半邊和左半邊有所不同，而且左右臉還有差異傾向。右臉通常輪廓較為銳利、幹練；左臉則給人平和、溫柔的印象。簡單來說，**右臉精明幹練**、**左臉比較溫和悠哉**。

假設像前面說的利用電腦軟體合成，把其中半側的臉反轉合併，做成一張臉的話，臉的右半（裁切再反轉）複製合併右臉，合成後的臉就會比本人看起來更精明幹練；如果以左半側的臉來合成，則會令人覺得更為溫和悠哉。

利用左右臉的印象差異，就可以在對方面前塑造你想留下的印象。

例如，**如果希望讓對方看到你精明幹練的樣子，並排而坐時就坐在對方的左側，**這麼一來就能讓對方看到你的右側臉。

相反的，若是**希望讓對方看到你溫柔友善的表情，並排而坐時，就坐在對方的右**

側，讓對方在那一段時間持續看到你的左側臉。

例如，要是希望對方看到自己工作中知性帥氣的一面，洽談等場合，不妨坐在對方的左側。

私下的約會等場合，希望被對方看見溫柔體貼的表情，用餐時不妨坐在對方的右側。

當別人在你工作時候看到了你的右臉，容易覺得「你精明幹練，真酷」；如果是私底下的生活場合看到你的左臉，則傾向認為「你真是個又棒又溫柔的人」。

利用左右臉不同印象的特質

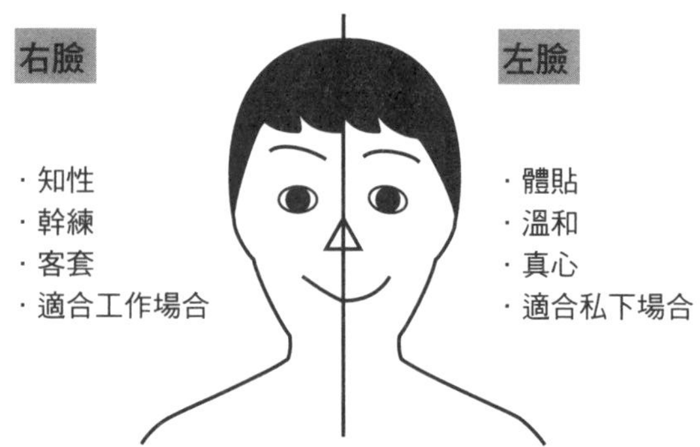

人臉並非左右對稱。正面看會略有扭曲，
所以不妨用點心思讓對方看到最美的一面。

右臉透露的是客套，左臉流露的是真心

常有人說「因為那個人的側臉而愛上他」，側臉的魅力是因為從正面看時，左右不對稱會產生扭曲感，如果從側面看的話就不容易感覺有扭曲的問題，所以覺得側臉比較好看。

不僅如此，由於臉的右側和左側分別是銳利及柔和的臉，呈現的表情不同，所以可能也是側臉較有魅力的理由。

另外，看起來銳利的右臉，據說顯現的是當事人知性、客套的一面，因為**右臉不容易流露出感情，較能貫徹客套話的交涉**。面對難以溝通的人，或是不想讓對方看見你情緒的對象，不妨以右臉朝向對方。

相對的，臉的左半邊則容易顯露出溫柔、真心的部分，因為**左臉表情容易顯露感情，也容易流露出真心話**。反過來說，想讓男女朋友或親友看到真正的自己時，以左臉朝向對方比較好。

希望你也能因應不同的相處對象，區別要以哪一側的臉來面對對方。

暗黑警句

展現帥氣的一面是右臉；顯露溫柔的一面是左臉。

DARK SIDE PSYCHOLOGY 021

成敗90%由外表決定，千真萬確！

KEYWORD 初始效應

好惡由外表決定，而非談話內容

有本暢銷書《你的成敗90%由外表決定》（竹內一郎著），雖然內容是論述言語之外的行為舉止溝通，但實際上根據心理學的研究，的確證明了**「你的成敗90%由外表決定」**。

根據心理學家艾伯特．麥拉賓發現的「麥拉賓法則」（Rule of Mehrabian），**影響他人產生好感的因素中，說話內容僅占一成，外表占五成，說話方式及聲音語調占四成**。換言之，實際說話的內容產生的影響只有一成，但外表等因素占九成。

而且，心理學還有所謂的「初始效應」，**當第一印象形成就很難再翻轉**。例如，初次見面產生了「小氣」的印象標籤後，即使後來表現出大方的一面也很難挽回，往往其他人仍存有「那個人很小氣」的既定印象。

暗黑警句

正因為初次見面，更要拿出壓箱寶的招牌笑容應對。

外表決定了是否能留給對方好印象，而且要顛覆第一印象極為困難，甚至對之後的人際關係也會造成很大的影響。

考慮到這一點，**就算超過能力，第一次見面也盡量穿著得體的服裝出席比較好**。

和生意對象第一次見面洽談、在社群網站認識而產生好感的人初次碰面等，希望讓對方留下好印象時，要注意穿著打扮，盡量比平時更整潔乾淨，帶著笑容和對方見面。

哪一邊看起來比較有工作能力？

最初的印象，往往持續影響他人日後的想法而難以改變。
就算同樣是十萬圓的西裝，穿著得體的話，印象就大不相同。

DARK SIDE PSYCHOLOGY 022

高級手錶讓你看起來更高貴

身上的配件也是個人的一部分

如果配帶超過百萬圓的高級手錶，只是為了知道幾點幾分，那麼買量販店一千圓以下的便宜手錶就夠了，為什麼還有人購買昂貴的手錶呢？

其背後的原因可以從心理學的「自我擴張理論」（self-expansion theory）概念來說明。所謂的「自我擴張」一如字面上的意義，就是讓自我更加擴大的意思。持有的物品也是自我的一部分，換句話說，只要是身上的持有物，都令你感覺是「我自己」。

認為持有物是自己的一部分，以手錶為例，當你一戴上高級手錶，自己的價值彷彿也跟著提升。能夠自我擴張的不僅是具體的持有物，包括職業、頭銜、住所、學歷等相關條件，也能產生自我擴張的作用。例如，原本是中小企業的員工，若是轉換跑

KEYWORD
自我擴張

道到大企業出人頭地了，也會有自我擴張的效果。

缺乏自信的人，不妨透過自我擴張加強自信

人際關係也會帶來自我擴張的效果。原本沒有任何朋友而感到孤單的人，一旦擁有許多親近的友人時，自我不就跟著擴張了嗎？

而且，當這些朋友還包括名人時，就不禁想誇耀「我是○○名人的朋友」，對吧？毫無疑問，這也是自我擴張的影響。

持有物再怎麼說都只是物品，並不代表當事人的實力，配戴一百萬圓手錶的人，並不表示魅力比另一個戴一千圓手錶的人多一千倍。

然而，**當人戴上高價的手錶時，容易感覺自己的身價提高；戴著廉價手錶就覺得自己似乎跟著變廉價了，這也是事實**。

就這層意義而言，若是對自己感到自卑，希望能擁有更多自信的人，即使稍微勉強也不妨配戴高價的商品。因為高價的商品也有提高自我價值的效果。

暗黑警句

擁有高價商品，讓自己看起來更優秀。

DARK SIDE PSYCHOLOGY 023

第一印象失敗的話，就以傲嬌作戰挽回

KEYWORD
得失效應

運用得失效應，獲得比實際更高的評價

如同前面所提，第一印象的影響將強烈到波及後續的人際關係。若是留下惡劣的第一印象，之後即使做了好事，依舊掩蓋不過最初的壞印象，難以扭轉印象。

然而，根據不同做法，還是能巧妙地消除剛開始給人的壞印象。初次碰面時言行舉止粗魯的人，幾次碰面後突然說話變得溫柔體貼時，通常令人覺得比一般溫柔的人更溫柔。

像這樣**最初留下的是負面印象，後來因為正面印象扭轉，而獲得比實際評價更高**的情況，心理學上的專有名詞稱為「得失效應」。

動畫或漫畫中一開始對主角態度冷淡的女性角色，從某個時候開始對主角表現出善意的態度，就稱為「傲嬌」。在粉絲群中，這經常是受喜愛的角色，而傲嬌的魅力似乎就可以從得失效應來說明。

一開始，傲嬌的角色設定是高傲冷淡的負面形象，再轉變成嬌嗲、溫柔的正面形象，與得失效應產生的效果完全一樣。

如果是從頭到尾始終高傲的角色，想必既不討喜也不受歡迎；然而，一路嬌羞溫柔的角色又缺乏魅力。

要是第一印象失敗的話……

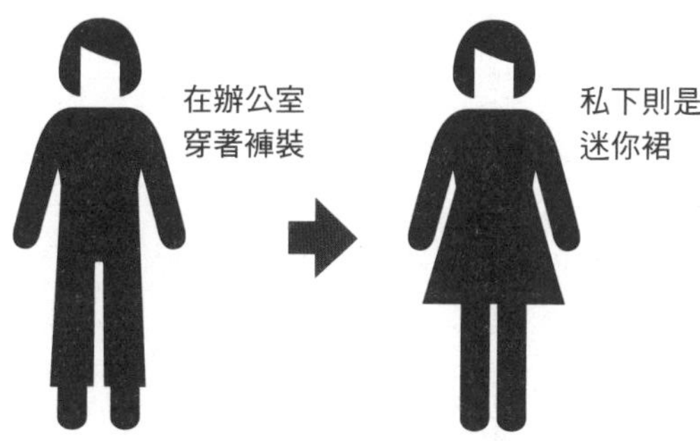

「得失效應」也可以塑造「反差萌」效果。
如果不慎留下不良的第一印象時，不妨使用這個技巧。

以強烈的反差，一口氣翻轉壞印象

原本難以親近的冷淡態度轉變成嬌羞熱情的態度，就產生得失效應。其他的得失效應例子，重點依然在反差。

外表看起來狂野的男性，發現他實際上興趣是製作糕點時，不就會感受到反差的魅力嗎？

看起來酷酷的，充滿知性的成熟女性，卻喜好有可愛卡通圖案的用品，因為這樣的反差覺得有魅力的人，應該也不在少數。

在這兩個例子中，無論是狂野男性或是成熟知性的女性，都是從最初印象而產生的落差，導致評價產生極大轉變是一大重點。

如果你給對方的第一印象很糟，不妨讓對方看看與第一印象截然不同的反差面。

例如第一印象讓人覺得輕浮不夠認真時，接下來就讓對方看到你穿著打扮得宜、恪守時間的紀律形象，一口氣逆轉原先的差勁評價。

暗黑警句

不良的第一印象，反而是大逆轉的絕佳機會。

第3章

BUSINESS

馴服上司及部下的心理作戰

DARK SIDE PSYCHOLOGY 024

透過第三者的讚美，搞定麻煩的部下

KEYWORD
溫莎效應

讚美比斥責能產生更好的成效

踏入社會，隨著職場的經驗逐漸累積，開始有了部下與後輩時，指導教育他們自然也成了工作的一部分。

當你遇到工作能力不佳的部下，很難得的沒有犯任何失誤完成工作時，最好要好好地讚美他。

美國心理學家伊莉莎白．赫洛克（Elizabeth Hurlock）曾做過一項實驗，證實了讚美他人的效果。

赫洛克把小學五年級生分成三組，無關成績好壞而讚美的「讚美組」、無關成績好壞而斥責的「斥責組」，以及不讚美也不斥責的「漠不關心組」，然後在五天的實驗期間，請學生解答計算問題。

觀察成績變化的結果，三組成績都提高了，但是「斥責組」從第三天開始成績變差，成績提高最多的是「讚美組」。由此可見，**人會在讚美中成長是正確無誤的**。

透過第三者傳達的訊息更有價值

但是，心理學上有一個比當面讚美對方更有效的技巧。那就是「溫莎效應」（Windsor Effect），不是直接讚美，而是**透過第三者來讚美的技巧**。

例如，想讚美部下A時，對部門另一個員工B說：「前些時候我拜託A君做的工作，他非常努力地完成了。」

當B在某個時機對A說：「〇〇讚美你工作很努力喲！」A對於你的評價，絕對比你當面讚美他要來得更開心。

這就是經由第三者得到的資訊，能感受到更高價值的「溫莎效應」。

溫莎效應中的溫莎，是指一位原本當模特兒的美國女性，第二次世界大戰時成為間諜的艾琳．羅馬諾內斯（Aline Romanones）。在她的自傳式間諜小說《去跳舞的間諜》（*The Spy Went Dancing*），其中的登場人物溫莎公爵夫人，她在小說中有句台詞：「不管在什麼時候，第三者的稱讚永遠最有效。」這就是溫莎效應的由來。

透過第三者傳達的讚美，比直接讚美更令人喜悅的原因如下：

由於是第三方的傳遞，容易令人認為「是多數人知道的訊息」，因而更覺得重要。

你直接讚美部下A時，「部下A很努力工作，真了不起」的訊息，只有你和部下A知道。但是，如果你向部下B及C讚美部下A，然後再由他

「口碑見證」也是同樣的心理策略

「溫莎效應」也時常運用在廣告中的消費者反應或「消費者實證心聲」等行銷用途。

們傳達給A時，這個訊息就有三、四個人得知，令A覺得這個訊息的價值更高。

當他人釋出善意，人就會想要回報對方

更進一步來說，就A的角度來看，認為「不僅B或C，連其他人也會對我有高評價」的想法，也是透過第三者讚美更令人喜悅的關鍵吧？

溫莎效果的絕佳例子，就是透過口碑來宣傳商品的評價。

即使覺得廠商直接打自家廣告而無法信任，但是**相信朋友推薦「那個洗髮精超讚」之類評價的人應該不少吧**？這也是溫莎效應發生的作用。

時常看到廣告刊登出消費者使用心得，也是利用溫莎效應一個絕佳的例子。

因為溫莎效應被讚美而感到開心的部下，相信今後工作也會很努力。這是因為**當人們被讚美時，就會產生必須回報對方才行的心理**，心理學稱為「互惠好感」，也就是互惠原則（reciprocity），當他人釋出善意，就想要回報的心理。

一旦部下A對你抱持好感，日後對於你交辦的事項想必也會盡力執行。

暗黑警句

人們更容易相信來自第三者的情報。

DARK SIDE PSYCHOLOGY 025

「向上管理」的撇步，你一定要懂的職場生存術

與其向主管拍馬屁，不如把目標鎖定主管的太太

為了讓上班生涯更美好，每個人或許有程度差異，但總要以某種形式來討好上司。奉承上司、向上司拍馬屁的經驗可能很多人都有過，但要得到上司青睞，還有效果更好的技巧——**那就是討好上司的太太**。

根據二〇一四年日本國立社會保障．人口問題研究所發表第五回全國家庭動向調查，有關「家計的分配、管理、經營」的調查結果，相對於一六％的家庭的決定權在丈夫身上，決定權由妻子掌握的家庭比例占六三％，妻子家中掌權的比例壓倒性地高於丈夫。在「育兒及子女教育」方面，由丈夫主導比例是三．二％，妻子則占了五二．九％，妻子裁量權更是壓倒性地居於強勢。

相對於丈夫主掌家中事務，妻子握有主導權的家庭比例極多。換言之，**上司的家**

庭由妻子掌控主導權的可能性相當高。

遇到中秋歲末送禮時，先調查上司太太的喜好再贈送，一旦上司太太對你的評價上升，無形中也會對上司造成影響吧？

另外，當公司活動中有機會遇到上司太太時，向她多誇獎一些上司的好話，就如同一〇二頁介紹的溫莎效應，上司將因為你的讚美感到開心，同時也會覺得必須回報你的善意。

巧妙運用上司的太太來提高上司對你的評價吧！只不過，千萬要小心不要演變成過度親密的關係。

暗黑警句

討好掌握家庭大權的主管太太。

射人先射馬，擒賊先擒王

馬如果摔倒了，騎在上面的人也會掉下來。

「射人先射馬，擒賊先擒王」是中國古代的一句諺語，為了擊中真正的目標，先從周圍著手也是一個策略。

DARK SIDE PSYCHOLOGY 026

以「幫我做好嗎？」代替「幫我做～」就能變身成體貼的前輩

受部下、後輩歡迎的指示方式

交待部下或後輩工作時，你會以什麼口氣來指示？

「這個資料幫我影印十份！」

「幫我預約下午三點以後使用會議室！」

「請幫我把貨品寄出去！」

以前述這種口吻來交辦工作的人，想必不少。

使用更強烈的命令口吻時，「這個資料給我影印十份！」或許會招來對方反感（雖然可能因你和部下的性格、人際關係而異），以稍微委婉「請你……」的指示口氣，基本上不會有太大問題，覺得不舒服的人應該也不多。但是，**只要稍微改變下命令的口氣，部下及後輩將更爽快地答應你的要求，按照你的期望去進行**。

稍微改變一下語尾，部下更願意答應請求

要改變的只有一個部分，就是把語尾變成「……好嗎？」的疑問句型。

前面的句子改變如下：

「這個資料幫我影印十份好嗎？」

「幫我預約下午三點以後使用會議室好嗎？」

「請幫我把貨品寄出去好嗎？」

因為語尾改成疑問句，使整個句子聽起來更委婉，形成要求對方回答的句型，確認對方的意志及事項，強制執行的感受就會減弱。別再使用「去做！」的命令口吻，改成「幫我做好嗎？」的語句更能令對方產生好感。

像這樣使用疑問句型的指示方法，運用的是「疑問句指示的心理效果」。**使用疑問句，口氣變得更柔和，對方也會覺得意願受到尊重，因而更容易答應你的請求。**

使用疑問句指示拜託部下與後輩，既能讓工作順利進行，又能令對方覺得你是體貼的上司、前輩，可說是一石二鳥之計！學會之後，簡直是一項有利無弊的技巧。

暗黑警句

疑問句的指示聽起來更委婉，讓對方更容易接受。

DARK SIDE PSYCHOLOGY 027

從右側靠近主管，令他心情輕鬆對你疼愛有加

KEYWORD 右側的親密感

靠近右側的理由，與慣用手及心臟位置有關

有時在工作出錯不得不向上司報告，卻難以啟齒。或許有人會估算盡可能在上司心情好的時候開口，但光是這麼做還是不夠。

重點是，必須從上司右側（上司的右手邊）靠近再開口。從左側（上司的左手邊）開口很可能會使上司特別警戒，但從右側靠近可以使對方的警戒心下降，願意細心聆聽你要說的內容。

這是為什麼呢？**因為身體左側是心臟的位置，人們下意識地會產生保護心理，所以從左側靠近會令對方提防**。

另一方面，慣用手是右手的人占多數，當猝不及防的狀況發生時，反應較為迅速，所以從右側靠近時，通常對方的警戒心較低。

暗黑警句

由於心臟位於左側，因此人會下意識地保持警戒。

因此，有什麼事想拜託上司時，盡量從右側靠近吧！

聚餐等場合必須坐在上司旁邊時，不要坐在上司左側，選擇右側坐下來，這麼一來，就不致於讓上司產生無謂的壓力，能和處於放鬆狀態下的主管交談，上司和你談話時心情較為輕鬆，將對你更有好感。

相反的，如果你位於左側而對方照樣能放鬆的情況，就代表對方相當信任你，也可以作為判斷對方是否信任你的基準。

占住上司右側的位置

人們對於慣用手的一側（慣用右手的人就是右側）戒心相對較低。
在聚餐等場合，遇到想要加深交情的人，
坐在他的右側，就有拉近關係的機會。

DARK SIDE PSYCHOLOGY 028

不累積工作壓力的祕訣：思考迴路定著

運用思考迴路定著，讓陰鬱氣氛一掃而空

有時難免遇到工作計畫失敗等不順遂的時候。遇到這樣的狀況時，反省雖然有必要，但最好不要過度自責。同樣的，當你的部下失敗，也不宜過度責備。因為這麼做會囤積多餘的壓力，連帶其他工作也無法順利進行。

失敗時只要想著「失敗並不是我的錯，責任出在其他事項」，就不會囤積壓力。

佛羅里達大學心理學家詹姆斯．謝巴德（James Sheppard）曾說過：「失敗是大家的責任，這種讓思考迴路定著的一句話，陰鬱的心情就能一掃而空。」

謝巴德以大學生為對象進行實驗，依其結果因而說出上面這句話。究竟是什麼樣的實驗呢？

主管必備：不施加無謂壓力的斥責法

謝巴德找來一群大學生接受智力測驗，但是測驗前他提供飲料給第一組大學生，並告訴他們「喝了這個飲料，測驗成績會變差」。結果發現，比起接收到「這個飲料的成分和測驗成績完全無關」訊息的第二組，第一組更能以樂觀的心情接受測驗。

也就是說，第一組的大學生認為如果測驗成績不佳是飲料的緣故，而不是自己的錯，他們比較能在無壓力的情況下接受測驗。

面對工作的思考也相同，若是能換個想法，「即使失敗也不是只有我的責任，而是整個團隊的問題」、「失敗只是因為運氣不好」等，職場氣氛就不會變差，不是嗎？只不過，明顯是你該承擔責任時，千萬不要胡亂卸責推給其他人。

此外，有時斥責失敗犯錯的部下也是必要的。不施加無謂壓力的有效斥責法，就是「不在人前斥責」、「不要拖延時間，立即斥責」、「斥責要簡短」、「不要讓對方罰站挨罵，而是彼此坐下來，在視線高度相同的情況下斥責」。另外，在斥責時，加入「你平時總是很努力……」等正面的言詞也是重要的。

暗黑警句

不過度怪罪自己、不囤積過多壓力。

DARK SIDE PSYCHOLOGY 029

畢馬龍效應，讓廢柴部下變人才

一旦感受到別人的期待，就會回應期待

假設有個學生經常被指責「不論做什麼都做不好」，與另一個學生經常被期許「你只要去做，一定做得到」。想像看看：前者和後者持續用功讀書的話，哪一個人的成績能變得更好？常聽人說「讚美使人成長」，那麼，應該很難想像一個老是被指責「沒用」的學生，他的學習進步幅度會大於一個被期許「你一定做得到」的學生，不是嗎？

有個心理實驗就驗證了這個論點。

心理學家在舊金山的某個小學進行了一項智力測驗。他們告訴老師，這個測驗將篩選出「學業成績可能表現更好的學生」，然後把選出的名單交給老師，告訴他們「名單上的學生，學習能力大有發展」。結果發現，老師對這群學生抱有較高的期

KEYWORD
畢馬龍效應

望，而這群學生也回應了教師的期待，表現出良好的學習結果。

好期待造就好人才，壞批評養出小廢柴

這是由心理學家羅伯特・羅森塔爾（Robert Rosenthal）所進行的實驗，**當你對於某個人寄予期待時，被期待的一方也會回應期待的現象**。這時發生的是「畢馬龍效應」（Pygmalion Effect）的心理效應。或是採用實驗者的名字，稱作「羅森塔爾效應」（Rosenthal Effect）。

畢馬龍是希臘神話故事中登場的一個男性。他雕刻出心目中理想女性的雕像，並愛上了這個雕像，強烈地祈願希望雕像能變成真人。美神阿芙蘿黛蒂聽到他的願望後，對雕像吹了一口氣，讓畢馬龍實現願望，與變成真人的完美女雕像結成夫妻。

因為這個故事，當被期待的對象回應期待、並加以努力的現象，就稱為「畢馬龍效應」。

和畢馬龍效應相反，不給任何期待，經常被批評「真是沒用的傢伙」、「你辦不到」等話語，熱情被澆熄，連原本的能力都無法發揮的情況則稱為「格蘭效應」（Golem Effect）。

格蘭是在猶太教傳教中出現的泥偶。不過應該有不少人對格蘭的認識，來自於電玩遊戲中格蘭以怪物角色出現。格蘭雖然會因為主人的命令而行動，但動作並不靈敏，行動緩慢不靈活，和被吹了一口氣成了真人的畢馬龍女性雕像完全不同。

人都需要被賦予期待，能力才能發揮，所以若是希望能讓部下拿出幹勁，應當小事也盡量讚美。透過讚美，讓部下感受到被期待，工作熱情

傾注熱情的人型公仔也……

沒有比妳更棒
的人了！
太美了！
簡直就像有靈魂
一般。

「畢馬龍效應」的命名典故是源於「愛上自己的雕像作品，請求神明將雕像變成真人」的希臘神話。

因而上揚，逐漸符合你的期待成長。即使是經常出紕漏的部下，也不要一天到晚劈頭大罵部下而造成格蘭效應。

要注意避免引起偏心評價的反效果

在職場運用畢馬龍效應時，**務必要注意的一件事就是「偏袒」的問題**。

為了激發某個特定對象的幹勁而誇獎對方，周圍的人可能會認為你的行為偏袒。

事實上，在討論畢馬龍效應時，時常會有人指出偏袒的問題，若是為了激發某個部下的幹勁而讚美時，應該盡可能避免讓其他人覺得「都只誇獎他，實在很偏心」。

當周遭有這類容易嫉妒的人時，最好小心避免在這種人面前誇獎其他人。

另外，在激發部下幹勁時，一定要注意的是交辦給當事人的工作難度。

在某個程度上難度高一點的工作，較能激起幹勁，完成工作時的成就感也比較高。話雖如此，難度也不能過高，但太過簡單又難以維持工作熱情。

期待部下有所成長而交付工作時，讓他挑戰難度適中的工作吧！

暗黑警句

即使面對工作能力差的部下，還是先誇獎再說。

DARK SIDE PSYCHOLOGY 030

面對機車主管，就以面帶微笑來攻擊

愛挖苦人的主管，常以部下的反應為樂趣

遇到好主管雖然很幸運，要是運氣不好遇到同一件事反復碎唸、叱責，老是喜歡挖苦人的機車主管，身為部下又該如何應對呢？

這時候用上的關鍵字就是「安撫」（stroke）。

心理學上把人與人之間的交流行為都稱為安撫。挖苦嘲諷，讓對方覺得不愉快的行為，稱為「負面安撫」（negative stroke）。

愛挖苦人的主管說：「你來公司都幾年了，竟然連這麼簡單的事情都做不到嗎？」部下因而感到不愉快，連連道歉的情況，就是負面安撫。

這一類喜歡挖苦人的上司，常有看部下反應為樂的傾向。

KEYWORD
安撫

不隨對方的嘲諷起舞，不要放在心上

看到挨罵的部下反省的模樣，對於自己成功挖苦部下而心生愉悅。不管是部下反彈、畏懼、難過等反應，上司因為這些反應得到滿足時，就會再藉其他機會找碴以尋求快感。

面對這種狀況的最佳對策，**不要有太大反應，左耳進右耳出就好了**。因為上司正是看到你有反應才如此竊喜。

左耳進右耳出的做法是：「保持微笑來面對對方」、「不需感情用事，只需淡然回應：『你說的對。』」

如果你採取這樣的態度，而主管仍然不改挖苦嘲諷的態度，不妨改為採取攻勢。

對這種上司反感的部下想必不止你一個，聯合起來一起對抗吧！**徹底無視這樣的上司，讓上司嘗嘗被孤立的感受，日後應該不至於再對部下做出這種負面安撫的行為**了。

暗黑警句

如果對任何嘲諷批評有反應，只會正中對方下懷。

DARK SIDE PSYCHOLOGY 031

成功率50％的工作任務，激發出百分之百的幹勁

KEYWORD 阿特金森的實驗

適當的工作難度能激發幹勁

以研究人類動機而聞名的心理學家約翰．阿特金森（John Atkinson），曾進行一個讓小學生丟圈圈的實驗，證實了任務難度和工作幹勁之間的關係。

他把丟圈圈的目標設定分為「高成功率的近距離」，「低成功率的遠距離」，以及介於近距和遠距之間的「中等距離」這三個選項讓小學生自由丟圈圈，結果最受歡迎的是中等距離的選項，挑戰中等距離的學生最多。

也就是說，**太困難的工作和太簡單的工作都難以激發幹勁**。

另外，阿特金森認為工作幹勁的強弱取決於「實踐成功的動機」、「成功的機率」、「成功時獲得的報酬」這三項。

只有報酬而毫無辛勞，也不會滿足

換言之，不僅要注重工作適當的難易度，也要重視動機及報酬。告訴部下「這個工作完成，會有這些好處」等，也是件很重要的事。這麼一來，人在**工作時動機就會更強烈，因為報酬能令人更有鬥志**。

只不過，最好要牢記即使有報酬，但完成工作的過程如果毫無辛勞，人也不會有成就感。雖然人是喜愛享樂的動物，但是沒付出任何辛勞的工作，就無法體會到滿足感。比方說，想像一下速食品，吃速食品時沒有付出「料理」的辛勞，即使獲得「用餐」的報酬，滿足感仍然很低。

多數人認為自己下廚做出來的食物比較美味，正是因為付出親手烹飪的心力。吃速食品時，缺乏烹飪過程的辛勞，所以無法得到這樣的滿足感，有人甚至因此吃得過多而得到過食症【「報酬不足症候群」（Reward deficiency syndrome）】。

為了獲得滿足感，需要有適度辛勞為代價，就這個意義而言，完全不用努力的輕鬆工作無法使人成長。

暗黑警句

成功率50%的工作難度，更能提高鬥志。

DARK SIDE PSYCHOLOGY 032

分享自己的事情，打開後輩的內心

聽到別人說出祕密，也會想吐露自己的祕密

如果部下或後輩個性沉默寡言，難以對上司、前輩敞開內心時，心理學上有個能夠**打開對方內心的技巧。那就是——把自己的祕密或感到難為情的事情告訴對方**。這種向對方說出個人隱私的情況，心理學上稱為「自我揭露」（self-disclosure）。當你向對方坦誠表露時，對方也會產生必須自我揭露的心理。

當別人為自己做了某事時，人們就會產生想要回報的「報答心理」。因此，當別人向我們坦誠以告，我們也會不自覺想要揭露自己。

因此，告訴對方「其實我有個難以啟齒的毛病」、「我曾有過這樣的失敗經驗」等一些不太輕易告訴他人的話題時，對方也會坦白地分享一些有關自己的事情。**當兩人互相自我揭露時，就能加深交情，產生信賴關係**。

KEYWORD
自我揭露

暗黑警句

互相說出彼此的祕密，建立信賴關係。

如果遇到後輩、部下有煩惱卻不太找你商量時，可以運用自我揭露作為讓對方說出煩惱的技巧。例如先說出「我最近有個煩惱……」，後輩或部下也就比較容易開口說出他們自己的煩惱。

進行自我揭露的場所，不妨找間稍微昏暗的居酒屋或酒吧，藉著酒精微醺的力量，人更容易敞開心胸。**燈光昏暗的好處是能鬆懈人的戒心，更容易說出真心話**。

想讓對方敞開內心時

這件事我
只告訴你
一個人，
其實我離過婚。

「自我揭露」是加深親密感的高度心理技巧。
一開始先說出生地等比較私密的個人資訊，或一些失敗經驗談的其他事項也可以。

DARK SIDE PSYCHOLOGY 033

要爭取機會或否定他人時，就慢一點出拳

KEYWORD
對比效應

狡滑地慢出拳，凸顯自己的厲害

猜拳時出拳比對方慢半拍就是「慢出拳」，看到對方出什麼拳才決定要出什麼拳，是有點卑鄙的策略。

同理，進行討論時，先把對方手上的牌都看透了，才說出自己的意見，也是慢出拳的例子，是一種狡滑的行為。

但是，慢出拳對於凸顯個人優勢是一個非常有效的技巧。例如，在公司內部會議所有人都要發表意見時，盡可能晚一點發言，只需注意先發言的人意見內容的缺失即可。

等輪到你發言時，一面指出缺失一面發表自己的意見，例如「〇〇的意見我大致贊成，不過，如果採行△△做法，或許能彌補●●的不足。」

發揮對比效應，看起來就比其他選項有魅力

就算發表相同的意見，發表順序在前面的人，通常比較不容易讓聽眾留下印象，對吧？

為什麼慢出拳的人所留下的印象比較深刻，可以從心理學的「對比效應」（contrast effect）來說明。

所謂對比效應，是指順序在前的提示A和後面才出現的提示B，相較之下，對A和B之間的「感覺差異」大於「實際差異」。

以前面的例子來說，會議中慢出拳而發表的意見，即使和先提出意見的差異不大，由於提出「針對●●部分有點疑問」，**對其他觀眾而言卻有很大的感覺差異，他們容易覺得慢出拳者的意見較有魅力**。

對比效應還可以運用在許多其他狀況。

設計公司向客戶簡報設計案時，準備了用心製作、真正想主推的設計案以及湊數的備用方案，沒想到客戶卻挑選湊數的備用方案，是在業界時有耳聞之事。這種情況，應該把真正想推的設計案壓在後面說明，強調和備用方案的差異，讓客戶感受到真正主推方案的魅力。

對比效應也可以運用在行銷上。網路商店在標示有折扣的商品時，如果連原本的訂價也標示出來，寫著「原價一萬圓打八折，只需八千圓」，比單純寫八千圓，能產生更划算的印象。

在實體店面向客人推薦商品時，也是先推薦三萬圓的商品，再推薦一萬圓的商品，令人感覺這更便宜。

希望在聯誼場合更搶手時……

運用「對比效應」，找醜男朋友一起加入，
即使自己並非帥哥，一經對比看起來就顯得帥氣。

利用對比效應，在聯誼時成為人氣王

運用對比效應時，順序非常重要。報價順序如果反過來，先推薦一千圓的商品再推薦一千兩百圓的商品，雖然差距只有兩百圓，還是會覺得一千兩百圓貴了許多。

精明推銷員很懂得利用這個落差，在汽車等鉅額買賣成交時，就會立即向客戶推銷加裝配件，和汽車相較之下，平時覺得昂貴的幾十萬圓配件感覺沒那麼貴，而不自覺接著買下其他配件。

不僅如此，對比效應也可以運用在溝通場合。例如，面試的時候，只要比前面面試的人稍微強調一下個人優勢，就能讓面試官覺得你更優秀。

如果是參加聯誼，**相較於一起參加的其他成員，你只要稍微更具一點優勢，然後再強調優勢部分就可以了**。根據這項原則，在挑選參加成員時，不妨在長相、頭銜、學歷方面，挑選一些襯托出你略占優勢的成員。

這麼一來，應該能在一群聯誼參加者中脫穎而出，顯得最有魅力了。

暗黑警句

慢出拳者「看起來」比實際上更優秀。

DARK SIDE PSYCHOLOGY 034

用「我」當主詞，收服囂張的部屬

KEYWORD

自我主張

認同對方意見的同時，也表述自己的意見

向態度惡劣或個性差的上司提出反對意見時，如果對方是個麻煩人物，不論你的論點有多正確，很可能對方還是嘴硬堅持不接受。

這時候就可以使用「assertion」技巧。assertion一般譯成「主張」、「斷言」，心理學中則是一種**尊重對方意見的同時，也表達自己意見的方法**。**換句話說，是一種尊重彼此的表達方式**。

如果只是一味主張自己的意見，對方的態度可能會很強硬說：「誰要管你的意見？我就是這麼想的！既然我會這麼想，就代表我才是對的！」但如果使用「自我主張」，就有機會把反對意見順利傳達給麻煩的人物。

把主詞「你」換成「我」

詳細說明心理學上的「自我主張」以前，先解說表達個人主張的三種類型。

攻擊型（aggressive）：強烈提出自我主張，卻缺乏對於他人的顧慮。

非自信型（nonassertive）：害怕衝突，抑制自我主張，聽任對方為所欲為的類型。

有自信型（assertive）：尊重對方想法及人格的同時，也提出自己的意見。心理學的自我主張就是符合這個類型。

那麼，具體的「自我主張」該怎麼做才好呢？「尊重對方意見的同時，也能表達自己的意見」說起來雖然簡單，實際要執行卻相當困難。

然而，如果在溝通當中運用「自我主張」，就不是件那麼困難的事。

重點在於主詞的使用。舉例，假設部下的說話用詞很不禮貌，又不使用敬語時，必須提醒他多加注意。

如果咄咄逼人地要求部下：「你連敬語都不會用，口氣很差。」對方想必很難接受吧。

這時候應該彈性地把主詞「你」換成「我」，表達所要傳達的內容。這麼一來，就能讓對方明白，你很認真地把他的事當作自己的事在思考。

「該用敬語的時候，我一定會使用敬語喔！因為不論是多麼強烈想告訴對方的事，如果不使用敬語會讓人覺得我很傲慢，對方就完全聽不進去我想說的話，我覺得太划不來了。」

表達意見時，削弱批評的口氣

像這樣**不去責怪對方，而是換作**

以委婉的態度表達自己的主張

工作需要你
協助！
現在忙得焦頭爛額，
我沒辦法！
不加修飾地說出自己的心情。
等一下也麻煩你幫我喔！
主張自己和對方的對等關係。

「自我主張」可以用在對方提出委託，你想拒絕又不想破壞交情時。
說出明確的原因，保持委婉的態度。

自己的立場來表達意見是一大重點。例如，「你的行為不對」的表達方式，充滿了濃厚的批評味道，改成「我看到你這樣的行為，覺得很傷心」，批評的意味就很弱。

最後解說「自我主張」的四大原則。如果能掌握這四大原則，就能在尊重對方的情況下，充分傳達自己的意見。

一、直率：直率地表達自己的意見及心情。

二、誠實：不論對自己或對他人都要誠實。

三、對等：雙方都要站在平等立場互相尊重。即使對方是上司或部下的上下關係，也要把對方視作對等的個體給予尊重。

四、負責：對於自己的發言或行為結果，必須自己負責。

在教育或企業研習的情況也可以使用「自我主張」，尤其是作為因應職權騷擾或性騷擾的對策，十分有效，與煩人的上司或部下溝通時，相信也能發揮作用。

暗黑警句

採取柔軟的態度表達反對意見。

看穿你
「暗黑程度」的
心理測驗
02

赤裸裸地揭露朋友對你懷有的印象，

以及你對部下的態度。

也許你和對方今後的溝通將能發生改變？

問題
01

店員突然在店裡叫住你，
你遭到莫須有的順手牽羊罪名！
你會有什麼反應呢？

在店裡不停哭泣

堅決否認罪名到底

直接頂罪

對店員大發脾氣

診斷

01

判斷「朋友對你的第一印象」

遭到罪名嫌疑的情況，

反映出你沾惹到麻煩時瞬間反應的第一印象。

這個測驗可以了解朋友對你的第一印象。

C

懦弱的第一印象

不擅長克制感情的你，遇到第一次見面的人總是很膽怯，而且也會表現在行為上，給人懦弱不可靠的印象。

A

一開始就有好印象

即使遇到蠻橫無理的狀況，只要是錯的，就會表達錯就是錯，朋友剛認識你就有了好印象。

D

直截了當的標竿

克制忍耐到幾乎抹殺本性的你，第一印象可說不好不壞，但之後也有可能會停止維持這樣的形象。

B

漸入佳境

無法保持冷靜、克制不住情緒的你，一開始因為緊張而無法好好打招呼或介紹自己，但隨著時間經過就能恢復你原本的樣子。

問題
02

紙箱裡裝了什麼東西發出沙沙聲響！
似乎是某種動物。
你覺得是什麼動物呢？

山羊

小狗

猴子

兔子

診斷

02

判斷你對後輩及部下的寬容度

被裝進紙箱裡，發出聲響的可憐動物，

代表出錯的後輩及同事。

從選擇的動物，可以了解你對位階比你低的人寬容程度有多少。

C

寬容度20%

容易記恨，總是碎念嘮叨個沒完的你，即使事過境遷，只要一想起來就會翻舊帳說教，所以應盡量避免，才不會被底下的人討厭。

A

寬容度80%

雖然對後輩及部下動不動就發火，但脾氣來得及也去得快，不會一直拖泥帶水的類型。最討厭在他人背後蜚短流長。

D

寬容度120%

即使因為部下的過失導致自己受害，照樣笑嘻嘻的彌勒佛類型。屬於不僅不會責罵，還會激勵對方的大好人。

B

寬容度70%

公平冷靜面對問題的類型，所以如果對方坦誠反省、道歉，就能相安無事。對事情很執著，要黑白分明。

第4章

SELF — SUGGESTION

迎向終極致勝的自我暗示術

DARK SIDE PSYCHOLOGY 035

想成功的話，就按下樂觀的開關

KEYWORD 自我效能

重要的是「我辦得到！」的自信

不論工作、運動、學業、戀愛，人生當中總有面臨「這是關鍵時刻！」的時候。這時候，「我一定辦得到」和「反正一定行不通」的兩種心態，會使結果有很大的改變。為了成功，擁有自信非常重要，這在心理學界稱為「自我效能」（self-efficacy）。

根據提倡自我效能的心理學家愛伯特．班杜拉（Albert Bandura）的說法，**為了獲得自我效能，想像「希望出現什麼樣的結果」的同時，也必須明確想像「應該採取什麼行動」**。即使有希望達成的結果及目標，達成的方法卻籠統曖昧，就很難擁有滿滿的自信。

缺乏自信的人，不妨先使用意象訓練來想像一下能力範圍內做得到的「行動」。

要是變成負面思考，還不如什麼都不想

相對於任何人都能輕易實踐、能夠獲得高成果的自我效能，形成最大障礙的則是負面思考。「要是失敗了怎麼辦」、「要是被討厭怎麼辦」、「如果生病了怎麼辦」等負面想法，一旦被負面的妄想糾纏，人變得悲觀消極，就無法對自己產生自信。

那麼，悲觀時應該怎麼辦呢？希望你務必試試「思考中斷法」（thought stopping）。這是一種把不安的妄想從腦海抽離，讓心情放鬆的技巧。

做法很簡單，一開始先把意識集中在負面思考上，接著利用某種行動暗號，同時停止思考，讓腦袋放空。

使用某種行動暗號，就像轉換心情的儀式。比方說拍手、拍打臉頰、對自己喊一聲「好了！」之類的舉動都行。

藉著刻意把負面思考趕出腦海，接著就能有樂觀的正面思考。即使失敗，也不會太過沮喪頹唐，而是很快地跨出下一步，自然地擁有自信。

暗黑警句

即使認為「做不到」，總之先告訴自己「做得到」。

DARK SIDE PSYCHOLOGY 036

持之以恆達成伸手可及的小小夢想

正因為目標有實現的可能，才能帶來自身的成長

人們如果要成長、完成自己的夢想，「擁有什麼樣的目標」極為重要。例如，在大企業就業的菜鳥新人，擬定了「未來我要成為這家公司的社長」為目標。如果是只有幾個員工的小公司也就罷了，但若是員工人數多達幾百人，甚至幾千人，要到達社長之路必定相當漫長遙遠。

擁有目標雖然很重要，但熱情的持續將會變得很困難。為了持續保持幹勁，不妨設定幾個「似乎伸手可及，但目前還達不到」的目標比較恰當。

以上述的例子而言，不是一下子就以「成為社長」為目標，而是先把「成為組長」當目標，達成後再以課長、部長的步調，逐漸調高目標比較恰當。這就叫做「夢想的連續性」。

暗黑警句

想持續進步成長，反而需要小小的夢想推你一把。

設定「可能實現」目標或夢想的位置，才能體會到「實現夢想」的成就感，然後帶來自信。

雖然夢想的連續性很重要，但是**在持續伸手可及的夢想同時，也要擁有無法輕易達成的遠大夢想**。

例如，不只是設定「每天做三十分鐘伸展運動」的目標，而是訂立「未來擁有任何人都忍不住頻頻回顧的魔鬼身材」大夢想。正因為有遠大的夢想，才能對眼前的目標認真投入。

然而，雖說是能達成範圍的目標，要是目標太小，就無法產生成就感，也就無法有所成長，千萬要注意。

實現遠大的夢想目標時，具體性很重要

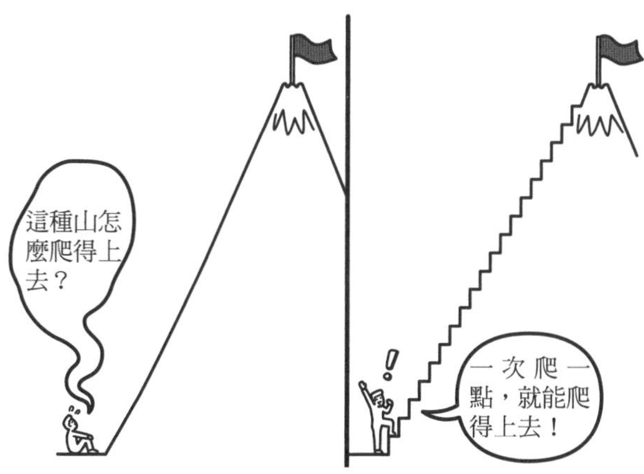

這種山怎麼爬得上去？
一次爬一點，就能爬得上去！

人們距離終點太遠時，反而會放棄行動。
一小步一小步的成就感，對於維持鬥志是很重要的。

每天讚美自己，不斷讚美不斷讚美

「我就是這樣的人！」行動取決於你的思考

任何人對自己都有一套「我就是這樣的人！」的印象。其中的內容範圍廣闊，從「我很開朗、喜愛社交」、「我應該是偏文靜內向型」等和性格有關的描述；以及「遇到有困難的人就會幫助對方」、「放假日喜歡一個人度過」等和行動有關的描述；或者是「我是有錢人」、「我的年收入很低」等和生活有關的描述。

以上這些對自己的描述稱為「自我形象」（self-image）。**這些由自己勾勒出的形象，人們的思考及行動常在無意識間有配合的傾向**。

換句話說，人們透過自我評價，製造出自己的生存方式。

對自己的評價如果是「工作能幹的人」，就能產生亮眼的工作成果；相反的，認定自己是「沒用的人」，做任何事都容易失敗，很難有所成長。

藉由不斷讚美自己，擺脫負面形象

雖說自我形象大大左右人生成果，但**多數建構自我形象的，卻是取決於「周圍的人」怎麼看待自己**。

例如，如果從童年時期就處在經常被讚美「你很聰明」的環境下長大，就會產生「我很聰明優秀」的自我形象；經常受責備的小孩，自我形象就容易變成「我是個沒用的人」。

要顛覆定型的自我形象很費力，對自己有負面形象的人，即使被讚美，還是容易傾向認為「這只是偶爾運氣好，其實我根本沒什麼了不起」。或是認為「反正我一定做不到……」而輕易放棄挑戰，無法坦誠接受他人給自己的正面評價。

不僅如此，這類型的人甚至可能安於負面自我形象的舒適圈，結果喪失成長機會，因而抱持著更負面的自我形象。

總之，為了擺脫這種惡性循環，養成讚美自己的習慣是非常重要的。

獲得成功的第一步，就是給自己過高的評價

我希望缺乏正面自我形象的人務必了解一件事，**越成功的人越能給自己過高的評價**。即使自己的能力只有七十分，也要有給自己打一百分的自信，對於讓「自我形象」成為自己的夥伴，相當有效！

首先要了解給自己過高評價的重要性。然後，與其把目光放在做不到的事，不如著眼在能做好的事情上，重複告訴自己「我很厲害！」。總之就是一直讚美自己，讚美再讚美，讓自我形象往好的方向發展。

另外，無論如何都無法老實地讚美自己時，不妨試著讚美別人。

由於人類大腦的一個特性是，在無法辨識主詞的情況下處理資訊內容，因此經常反復地說出「他很優秀」、「他真是了不起的人」的言詞時，大腦在**不知不覺間就會把主詞置換成自己，覺得「我真是個了不起的人」**。

如果這樣還是不順利，不妨試著跟「自我形象」比自己還低的人在一起。藉著和缺乏自信的朋友或部下接觸，讓自己處於優勢位置，應該能逐漸讓個人的自我形象朝

暗黑警句

要成功以前，先扮演成功者的形象。

正面方向轉變。

不需要擔心「我又沒實力，光有自信也沒用」。希望你能不要顧慮任何人，盡量對自己建立過高的評價。就算是毫無根據的自信，對自己越有信心，越能喚醒沉睡在身體內在的潛力。

另外，當你受到他人讚美時，不需要太過謙虛，坦白接受也是很重要的一件事。

沒有充分自信的人

很棒的事清單
今天雖然摔了一跤，但沒有任何人看到，實在太棒了！

為了提高「自我形象」，
不妨每天睡前寫下「今天很棒的事清單」，也能有利於變得樂觀。

DARK SIDE PSYCHOLOGY 038

讓夢想成真的魔法：完成式的效果

有了夢想，就說出來吧！

任何人都有想完成的夢想，「想得到高收入」、「想成為小說家」、「想擁有一艘遊艇」、「想通過司法考試」等，雖然每個人的夢想不同，但是對於未來完全沒有勾勒任何夢想的人應該屬於少數吧？

若是你有想要達成的夢想，**建議你把夢想說出口**。寫在日記、筆記本或是對他人說出來都沒關係，總之要反復化成言語。

當人們把想法訴諸言語時，印象就會一點一滴地滲透到潛意識，逐漸在不知不覺間採取實際行動。

喜歡占卜算命的人，個性就會變得和血型或星座分析結果接近，或是採取占卜建議的行為，這也是為了接近占卜形象，下意識去努力的結果。

KEYWORD
完成式的效果

以「完成式」說出你的夢想

把夢想說出口時，以「夢想已經實現」的方式來表達吧！例如，不要說「我希望每個月有一百萬日圓的收入」，而是「我每個月有一百萬日圓的收入」，這就是「完成式的效果」。

假設你只是重複著「我希望每個月有一百萬圓的收入」，那也只是「希望」的想法持續而已。換句話說，你只是一直在「要是能變成這樣就好了」的現狀原地踏步。

而且，「得不到渴望的東西」而產生的不滿足感，或是「我是否無法實現夢想」的不安不斷膨脹，意識將聚焦在「得不到」的負面情緒，而不是為夢想努力。

此外，**夢想訴諸言語時，不要只是籠統模糊的想像，盡可能更具體的想像**。

例如，若是月收入一百萬日圓，你會過著什麼樣的生活？「平時會穿什麼樣的服裝？」、「住在什麼樣的房子裡？」、「平時會去的店家？吃什麼樣的食物？」希望你盡可能鉅細靡遺地想像。想像細節若是有困難，不妨參考照片或圖畫。如果能聯想氣味、聲音等，就會更有臨場感。

描繪正向具體的夢想

把夢想說出口時，還有一些其他注意事項。

第一個要注意的是，你的**夢想要正向**。

不是說「我沒有失敗」，而是宣稱「我成功了」。如果想像「我沒有失敗」，意識就會聚焦在失敗上，對於成功的想像是一種阻礙，失敗的想像甚至可能因此滲透潛意識。

第二個要注意的是，**不要描繪過度不實際的大夢想**。

即使要有夢想，如果夢想是「月

血型占卜能改變現實？

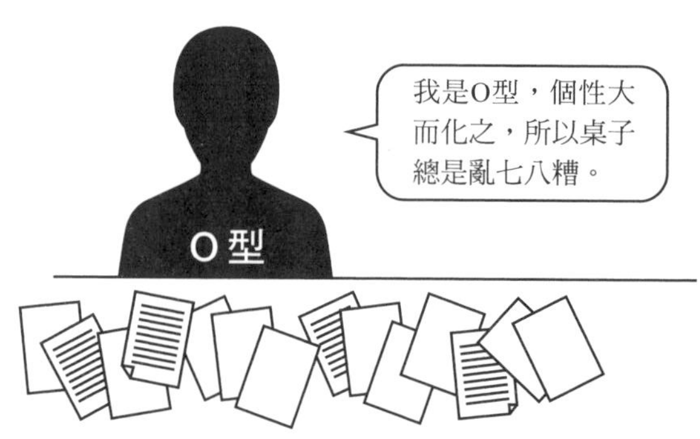

我是O型，個性大
而化之，所以桌子
總是亂七八糟。
O型

相信血型占卜的人，性格與占卜分析描述相似，
也是一樣的心理作用，在不知不覺中採取符合性格分析的行動。

收入一億日圓」，在想像具體行動前，先打擊自己「這種癡人說夢的事，怎麼可能實現」，那就變成笑話了。

如果夢想說出口時，就忍不住打擊自己時，不妨把夢想的門檻再降低一點。

第三個要注意的是，**具體想像實現夢想的過程**。

「相信夢想會實現，所以很踏實地努力了」、「原本就是喜歡的事情，所以努力也不覺得辛苦」、「廢寢忘食地努力了」等具體的想像過程，自然就能看到必要的努力方向。

最後還希望你注意一點，應該盡可能避開不喜歡的事物，或不適合自己的夢想。

明明想當老師，卻聽從父母的建議，勾勒當醫師的夢想；不擅長運動，卻把職業足球選手當夢想，就難以有具體的想像。

正因為有想要努力實現的夢想，有了貼近夢想的真實想像，才容易開拓出實現目標的道路。

暗黑警句

描繪夢想藍圖，就照著「已實現狀態」去勾勒。

負面的言語會生出更負面的思考

把抱怨和不滿說出口，反而會招來更大的負面情緒

不小心睡過頭，急忙趕著去上班途中扭到腳、忘了手機，主管大發雷霆，雪上加霜的是被指出提交的估價單出錯。一大早倒楣事就接二連三發生，你終於忍不住說出負面言語。

「我真是個沒用的人……」、「真是乏味透頂的人生」等，忍不住想一吐怨氣的心情我很明白。但是，負面言語並無法使心情變得開朗或積極正面。

言語的影響力比想像中更巨大。

自己說出口的言語，從耳朵進入腦海，使得負面思考更加強烈。換句話說，負面情緒透過言語，會招來更強烈的負面思考而進入負向循環。

準備切換心情的開關，阻斷負面思考

壞事接二連三的結果，連帶地影響了你的情緒，**為了斬草除根，不要說出負面言語是最佳對策**。

當你覺得內心被負面思考的情緒或想法支配時，設法不要說出負面的言語，然後，讓心情冷靜下來。

話雖如此，一定有人認為「要是能這麼輕易做得到，就不會那麼痛苦了」。這時候，希望你平時就先準備好「切換心情的開關」。

說開關可能有點誇張了，但希望你把它當作是讓心情冷靜的咒語。你可以利用在眼睛前方拍手的方式，或是對自己說「不要介意、不要介意」讓心情平靜下來。如果太大的動作覺得難為情，也可以眼睛看上方做個深呼吸。如果不小心把負面言語說出口時，補上一句「才怪！」來反擊自己的話。**重要的是相信「利用暗號，能讓自己的心情恢復平靜」**。

即使剛開始常常失敗，只要能持續練習，應該就能將心情的開關切換自如。

暗黑警句

只要開始正面思考，結果也會變得積極正面。

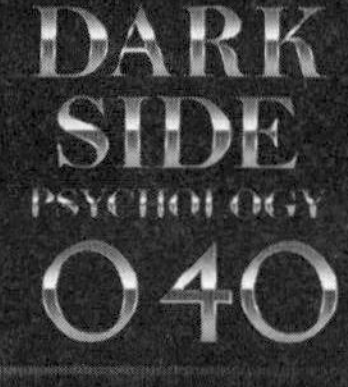

生活想做些改變，就喊出目標吧！

一旦開口說了「喜歡」，討厭的事也會變成喜歡

即使原本討厭的事，只要開口說「喜歡」，有時就會真的變喜歡，這種現象心理學稱為「公開表明效應」（profess effect）。

平時說出口的言語，在不知不覺中內化，自己的意識逐漸發生改變，去符合自己所說出的內容。聽我這麼說，也許會覺得「公開表明效應」有點恐怖，但根據運用方式的不同，能有效大大擴展自我的可能性。

例如，因為調動到不同部門必須熟練英語會話時，向所有同事公開表示：「我要在一年內把英語說得很流利！」慎重起見，不妨在社群網站也公開你的決心。「聽說你開始學英文了？」「對，我要在一年內把英語說得很流利！」一再反復這樣的對話時，自己的意識就會改變，進而付諸實際的行動。

KEYWORD
公開表明效應

暗黑警句

有了目標，就向周遭的人宣誓「我會達成！」

公開表明效應不僅能使行為產生變化，心理層面也能產生很大影響。「我是沉穩的人」、「我很勤奮努力」、「人生充滿了可能性」等，**平時就重複正向的發言，行為與性格自然也會變得積極正面**。

重複積極正面的發言時，更能提升效果。每天早晚對著鏡子說出口，也是一個很好的方法。

相反的，平時一天到晚淨說些「累翻了」、「煩死了」、「好無聊」等負面發言的人，思維也很有可能變得負面，請務必注意。

大聲喊出期望，就會實現！

我很帥。
我是感情豐富的人！
我四十歲以前會有一間房子！
最近肚子消下去了。
一年後我的英文會很流利！
我只要去做，就做得到！

每天早晚把自己的夢想與想改變的正面形象說出口，產生「公開表明效應」。對著鏡子說出來，效果更佳！

越討厭的對象，越會注意討厭的部分

每個人的周遭，難免有一、兩個「看不慣的人」、「不擅面對的人」。如果那個人是可以保持距離的關係，就不至於造成問題，但萬一是公司的主管、同事或客戶，就是悲劇了。

人們一旦產生既定印象，就會對符合既定印象的部分特別敏感。

例如，即使是令你產生「自私自利」壞印象的討厭鬼，也不會百分之百的行為舉止都是只圖自己方便。但是，你卻只關注到他表現出自私自利的部分，因此越來越強化「自私自利」的印象。這麼一來，就很難和對方保持良好互動。

煩惱人際關係以前，希望你務必試試看改變深烙在腦海負面印象的神奇技巧。

在紙上寫下你的喜好，找回平常心

首先準備好紙張，把討厭鬼的名字寫下來。然後在名字下面寫出喜歡的事物。不論是尊敬的主管、愛吃的食物、熱衷的嗜好等，什麼都可以。總之寫下你真心喜愛的事物，順便貼上照片，如果沒有照片，以插圖代替也可以。

然後每當你和討厭的人接觸時，只要想起寫在紙上的這些事物就好了。**當「討厭的人」和「喜愛的事物」連結後，就能緩和討厭的印象**。

再介紹另一個透過書寫得到的效果。

每個人多少會遇到「不清楚是什麼原因，總覺得心情煩躁又提不起幹勁」的時候，這不妨寫下那些可能讓你煩躁的原因。

如果能因此找出原因最好，即使沒辦法確定原因，光是「以文字書寫下來」也會讓心情輕鬆許多。

只要能從「和討厭鬼接觸的壓力」或「不明原因的煩躁」中解放，心情就能變得積極正面，連帶提升工作效率。

暗黑警句

對於討厭的人或是不明原因的煩躁感，只要寫下來就能消解。

DARK SIDE PSYCHOLOGY 042

設定夢想報酬，激發勇往直前的鬥志

即使目標高的人，也是越讚美越有鬥志

「我要減肥成功」、「我要通過證照測驗」等，我們生活中會訂立許多目標。但是要達成目標時，想努力克制欲望卻非常困難。這是因為人類很難抵擋誘惑。

減肥期間，看到眼前有蛋糕，就忍不住伸出手；考試前也會有「我累壞了，今天不念書直接上床睡覺」等不禁向欲望投降的情況。

譴責自己「太脆弱、無法抗拒誘惑」，要以鋼鐵般的意志繼續努力，當然也可以。但既然要努力，希望你能懷著愉快的心情。這時要利用的，就是腦海裡的種種煩惱。

家裡的小狗或動物秀的主角能成功被訓練表演，是因為牠們能獲得食物獎賞。人類其實也相同，**如果有報酬，不想做的事也會努力去做，這就是「報酬的自我暗**

示」。

任何報酬都無所謂，不過盡可能選擇獲得時能感到雀躍的獎賞。「到喜愛的餐廳大吃一頓」、「和家人一起去旅行」、「買下一直很想要的名牌皮包」等，先決定給自己的獎賞。

重要的是，**為自己訂定一個規則——「達成目標時，就能做這件開心的事情」**。

規則訂好了，接下來就如同賽馬般，只要盯著眼前懸掛的胡蘿蔔（獎賞）專心往前跑就好了。即使浮現「不想做了」、「想偷個懶」等念頭，只要獎賞具備足夠的吸引力，應該就能再度湧現力量。

媽媽常用的心理技巧

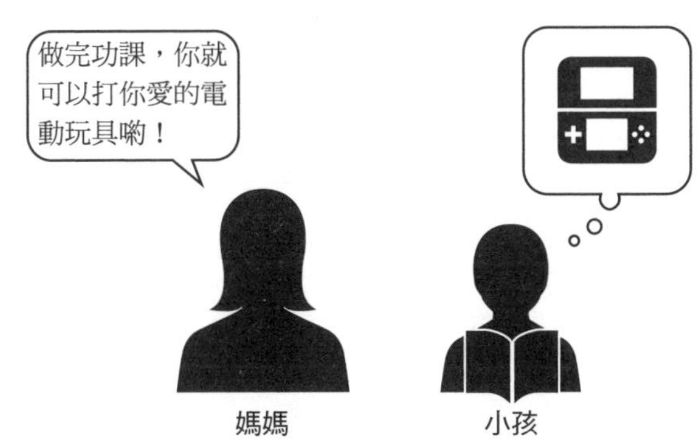

做完功課，你就可以打你愛的電動玩具喲！
媽媽
小孩

小時候，你的媽媽是不是也曾經這麼對你說過呢？
「〇〇做好了，就買△△給你」。這就是「報酬的自我暗示」教育技巧。

配合目標大小來設定獎賞

雖然我前面說任何獎賞都無所謂，不過，契合目標大小也很重要。達成難度極高的目標，獎賞卻只有一罐啤酒的話，很難激發幹勁。相反的，只需幾天就能達成的小目標，獎賞卻是四天三夜的海外旅行，以性價比來說實在大有問題。由於每個人的收入及價值觀都不同，雖然不能一概而論，但是**目標和獎賞的平衡非常重要**。

這是日常的目標？還是必須努力數月才能達成的目標？或者要跨越好幾年才能達成的目標？希望你都能再仔細思考，設定不同的獎賞。另外，不要一開始就急著朝向大目標，建議你**達成大目標之前，先設定必須達到的前面幾個小目標**。

例如，「達成最終目標就去國外旅行。但是實現大目標之前，達成小目標時，先以烤肉吃到飽來獎賞自己」，設定層次分明的獎賞，就能產生「接下來朝這個目標努力」的鬥志。思考給自己的獎賞是件開心的事，希望你能把這種雀躍的心情化為動機，朝向目標而持續努力。

暗黑警句

為了達成目標，要用甜美的報酬來犒賞自己。

第5章

LOVE

百發百中
擄獲異性的
戀愛心理術

DARK SIDE PSYCHOLOGY 043

模仿對方的動作，就能解鎖心防！

想拉近距離博取好感，就做相同的動作

想要和心儀的異性更加親暱、希望和喜歡的對象更了解彼此……當你對某個人產生這樣的愛戀之情，首先希望你能試試看「同步效應」，也就是運用了「同時性」（Synchronicity）的心理作用。

當人們看到和自己採取相同行動的人，就會覺得「這個人接受了我」，認為對方對自己的態度是友善的，也會因此採取友善的態度回應，這在心理學上稱為同步效應。這技巧當然可運用在家人、朋友的溝通，以及商場上的交涉對象，在戀愛場合也是一項可以發揮極大效果的心理技巧。

實際做起來很簡單，**只需不著痕跡地模仿對方的言行舉止和用詞**。只需這麼做，就能讓對方在不知不覺間心情變得愉快，兩人的溝通也能順利進展。

KEYWORD
同步效應

如果要模仿，絕對要自然地不著痕跡

你是否曾發現到身邊的家人、朋友、工作夥伴、關係親近的人，彼此的表情、動作、說話方式很相似？

人與人之間，一旦交情變好，一起行動的機會就多，聊起來自然是無話不談非常契合，而且在了解彼此的情況下，產生共鳴說出「對對！就是這樣！」的情況也會增加。

而且，一旦喜歡同樣的事物、有相同的價值觀時，在一起的舒適感也會大增，對彼此的好感度更加上升，逐漸在同樣的地方產生共鳴、一起哭一起笑的共同點變多，時時受到對方言行影響而採取同樣行動，彷彿同步共舞一般。

反過來利用這樣的心理反應，想讓心儀對象對自己產生好感，就不是件那麼困難的事。

首先偷偷確認對方的心意。仔細觀察對方的表情、動作，如果對方和你做同樣的動作，或是似乎在模仿你，那就是對你有好感。不妨鼓起勇氣接近對方。

作戰的第一步，是邀請對方共進下午茶或吃飯等，製造兩人獨處的時間。然後，配合對方的步調把食物送進口中或拿起杯子。當對方改變翹腳或撐著手肘等姿勢時，也不妨試著模仿。觀察對方說話方式或音調的變化，嘗試採取同樣的行動。

這時候很重要的是，**模仿時一定要不著痕跡。如果太過刻意模仿而被對方察覺時，很可能會破壞氣氛。**關鍵是絕對要採取自然不著痕跡的態度。

人為什麼會想模仿？

想模仿心上人的「鏡像效應」心理。
偶像或音樂家的粉絲做同樣的穿著打扮，也是基於相同的心理。

模仿對方動作，要留意時間差

像這樣模仿對方動作的技巧，在心理學上稱為「鏡像效應」（mirror effect），就像照鏡子般反射出同樣的動作而命名。

運用鏡像效應時，就如同上一頁的說明，絕對不要讓對方發現「他在模仿我！」如果是用在不太熟的人身上，**建議你不要採取完全相同的動作，做類似的動作就好**。例如對方拿起杯子時，你拿起手帕；對方撫摸頭髮時，你摸臉頰等，類似這樣改變動作，就不會令人起疑。

另外，也希望你務必記住，**模仿動作的時機不需要完全同步**。相反的，稍微錯開一點時間，不著痕跡的模仿，反而能收到更大的效果。相信如此，你應該更容易在心情冷靜的情況下模仿吧？

和自己相似的人、和自己心情相同的人、採取同樣行為的人……人們對這樣的人容易產生好感的心理，何不立刻試著運用看看？

暗黑警句

不著痕跡的模仿，讓對方為你著迷！

不可思議！廢柴男更容易獲得女性傾注情意

花容月貌而且頭腦聰明，總是笑容可掬、個性無可挑剔……當這樣的女性出現，任何男人都希望她能成為自己的伴侶，偏偏這種完美女性身旁，常常是跟著一個不中用的男人。既不是帥哥，又沒有經濟能力，看起來一副不可靠的男人，幹練的女性卻為他竭盡心思付出一切，你的身邊是否也有這樣的情侶？

像這樣令人欣羨的模式，只要稍微掌握住訣竅，也可以成為你手到擒來的美夢。訣竅就是**「把自己不中用的地方，在女性面前特別表現出來」，僅僅如此**。

多數男性都希望成為帥氣的男人，懷著自尊心期望別人認同自己很優秀。一般而言，多數人普遍認知也是女性應該會傾心這般好條件的男性。然而，超越愛慕之情，讓女性不可自拔地深陷其中，覺得「這才是真愛！」的往往是「不中用的男人」。

那麼，女性為什麼會被「廢柴男」吸引呢？試著想像一下女性的心理。

如果一個心儀的男性，告訴你工作上的失誤或困擾、無法對他人傾訴的煩惱時，身為女性的你聽到會有什麼想法呢？

是認為「我才不跟這麼沒用的人交往呢！」而保持距離嗎？不不不，個性稍微體貼的女性都會油然而生「我想幫助他」的心理，或是「真開心他只告訴我這件事！我想助他一臂之力！」然後，在實際聽過對方的煩惱，分擔痛苦之際，開始產生「只有我才能拯救他！」的心情。

兩個人在不知不覺中形成了某種關係，女方是「能夠給他幫助、溫柔的我」，男方則感到「得到她幫忙，開心的我」，對兩人來說都是感覺舒適，而認定這是一段「以愛情結合」的關係。

這樣的情況，雖然只是相互依賴的關係，但站在女性這邊的角度，並無法從幫助給他人的愉快而產生的「幸福」抽身。

若是希望被心儀的她所愛，甚至照顧你的生活，**與其扮演幹練的男人，不如強調不中用的一面，絕對更容易致勝**。

暗黑警句

增加大約50％比例，表現出不中用、無能的一面。

DARK SIDE PSYCHOLOGY 045

初體驗的連續出擊，重溫熱戀的悸動

KEYWORD
劈腿危機

初體驗的累積，有效抑制動搖的心

你有個交往多年的女友，差不多正在考慮結婚。剛開始交往時心動不已的感覺是否仍然持續？看到其他女性吸引人的一面，是否忍不住就劈腿了？你能避免這些情況的發生嗎？

同樣的情況也可能發生在她的身上。她一直在意著手機訊息、回家總是很晚、說一些被你看穿的謊言等，有這些情況就要注意，也許她的身邊出現了其他男性。

交往時間久了以後，彼此的存在就如空氣般理所當然，昔日心動的感覺大減，也不再感受到對方的魅力，三心二意開始想劈腿，通常都發生在這個階段。

遇到這種情況時，姑且不論自己是否想劈腿，總之想阻止她的心遠離你！你是否會有這種只顧自己的心態？若是這樣的話，其實有好辦法能幫助你。

暗黑警句

讓新鮮的風吹拂過來，封印想腳跨兩條船的心。

伴侶在一起的時間久了，相處模式就容易一成不變，如果兩人都沉浸在這樣的幸福中就完全沒問題。如果產生了「對方似乎對我不再感興趣？」、「對方不了解我」的感受，兩人之間飄散著一股動盪不安，不妨稍微努力看看。

方法就是**兩人在一起時，重複大量的「初體驗」，只是這麼做就可以了**。

例如，約會時不要選擇熟悉的店家，而是選從未去過的店鋪；試著使用和平時不同的交通工具；挑戰學習新事物等。簡單說來，就是不斷累積兩人初次體驗的事物。即使做特別的事情有些勉強，只要穿著和現在不同的衣服約會、購買新家具等，這些極為平常的「初體驗」效果也非常有效。

重要的是，不要讓另一半對於你們兩人在初體驗時會有的興奮期待產生免疫力。這麼一來，即使有其他男性邀約，她也不會因此被吸引。

當然，初體驗不是僅用來針對你的女伴，為了封印你自己想劈腿的心，不想讓今後的幸福溜走，請務必一試。

DARK SIDE PSYCHOLOGY 046

對方開始舔嘴唇時，就是可以一親芳澤的信號

若有希望對方採取的行動，先以模擬行為試試看

KEYWORD 模擬行為

希望和心儀對象發展更深一層的關係，不妨先嫻熟「模擬行為」心理學技巧吧！雖然這是希望女性能靈活運用的技巧。男性學會的話，也能因此了解女性心理，達成戀愛高手的目標！是學會了絕對有益無害的戀愛心理學。

和心儀對象單獨約會時，女方就算內心有「真希望他能抱緊我、能夠吻我」的想法，也很難說出口。相信很多人都有過說不出這句話的害羞，結果搭上最後一班電車就此說再見的痛苦經驗。這種時候能派上用場的，就是這個技巧。

例如，想表達希望接吻的心情，不妨舔一下或以手輕撫自己的嘴唇。如果希望對方抱緊你，不妨邊說「好冷～」邊抱緊自己的身體。

藉由這些做法，就能向對方傳達「希望你吻我！抱緊我」的心情。這個在心理學

暗黑警句

看穿她行為舉止中隱含的愛情信號！

吐出舌頭是有好感的證明

小狗舔嘴唇的「舔舐」行為，
據說也是享用佳餚前開心的表現。

上稱為「模擬行為」，**向對方的存在意識訴求自己的欲望**。

站在男性立場，絕對不要錯過女性這些行為，要能確實洞悉這些看似若無其事拋出的信號，不要錯過付諸行動的時機，就能讓她的心牢牢地放在你身上。

另外，若是希望女伴能夠開心，就要先讓自己開心，**如果希望對方體貼，就要先對人體貼，才是成就戀愛的真理**。

DARK SIDE PSYCHOLOGY 047

開啟新戀情的最佳時機，對剛被甩的人溫柔以待

心情跌落谷底之際，正是告白的好時機

她是一個工作與生活都很充實，每天生活都神采奕奕、容光煥發的女孩。看到她閃閃動人的模樣，情不自禁想對她告白……等一下！接近她的最佳時機並不是現在。

在工作遭受挫折失敗、失去自信、灰心喪氣等，等待她心情跌落谷底之際，才是告白的最佳時機！

因為這是**運用人們在心情低落時，容易對異性產生戀愛情愫的心理學**。

曾聽過某對情侶認識的經過是「她被前男友拋棄，心情沮喪時來找我商量，我們因而開始交往」，類似這樣的情況可說是常有的模式。

這可以說正吻合接下來要介紹的戀愛心理學——「善意的自尊心理」，或者是「自我評價降低」而產生的成功戀愛案例。

暗黑警句

讚美心情低落的她，牽引出戀愛的情愫！

那麼，善意的自尊心理及自我評價降低，究竟對人們的心理會發生什麼影響呢？當人們失敗、缺乏自信時，心情也會變得消極。這時候若是有人溫柔對待自己、鼓勵自己，很容易產生好感，覺得「這個人真好」，因而打開內心。

這是當人心情低落，對自我評價下降時，相對地會提高對方評價的現象。

任何人都有對自己抱著否定思考的時候，這種時候**若是能遇到肯定自己、對自己抱著善意的人，就能恢復自尊心及自我評價**。

而且，有時候也會因此對那個人產生戀愛情愫，這也是曾透過心理學實驗證實。

現在環顧一下你的辦公室吧。如果有女同事被上司責備而落淚，或是坐在辦公桌前歎著氣，就是機會來了，不妨立即上前關心：「怎麼了嗎？可以告訴我喔！」

然後，為了讓心情低落的她恢復自尊心及自我評價，你要不斷地給予讚美，這麼一來，你身為男性的評價就能大大上升！

DARK SIDE PSYCHOLOGY 048

選擇個性互補的情人，她將對你神魂顛倒

個性相似的情侶交往才順利，真的比較幸福嗎？

「我想和這個人交往！」當你產生這個念頭時，你喜歡上的是什麼樣的人呢？由於興趣相投而交談甚歡；因為喜愛同樣的事物而一起行動；想法有共鳴，所以變得更親密。很多時候是因為某些地方與自己相似的人在一起，所以被吸引。

彼此相似的部分在心理學上稱為「相似性」（similarity）。**人類容易被與自己有相似特質的人吸引，經過社會心理學家唐．伯恩（Donn Byrne）的實驗得到證明。**的確，穿著打扮的品味相近，喜歡的電影、音樂相同，對食物的喜好也一致……和這樣的人談戀愛，煩躁的情況會減少很多，婚後應該可以過著幸福的每一天。

然而，各方面相似的伴侶，有時也會發生爭執。正因為彼此太相似，稍微意見不合時，反而容易發生激烈爭吵。當這樣的狀態持續下去時，彼此相知相惜的伴侶情感

KEYWORD
互補性格

發生裂縫、關係崩壞，終於導致分手收場，這樣的情況也時常可見。

心理學上也有和相似性完全相反的思考觀點。根據心理學家蓋伊．溫奇（Guy Winch）的研究，**性格不同的夫妻，維持良好關係的比率更高**。

例如，根據研究結果顯示，「跟著我就對了！」這類個性強勢的丈夫，適合溫和順從的妻子；相反的，強勢務實的妻子，則適合性格較怯懦的丈夫。

仔細想的確有道理，如果夫妻都屬於「跟著我就對了！」的類型，當然會意見不合，爆發爭吵；而兩個性格怯懦的人，或許也難以打造出開朗和樂的家庭。原來如此，確實有它的道理。

像這樣的男女平衡，在心理學上稱為「個性的互補」。不同於接受個性相近的伴侶而感到舒適自在的「相似性」，人們會被不同類型、具備自己所欠缺特質的異性所吸引。正因為兩個人性格不同，所以彼此能產生互補作用。

正因為不同，所以感到加倍愉快、開心！

那麼，想像一下和個性不同的對象戀愛，會如何呢？

例如，決定約會地點時，假設你提出要不要去看足球的邀約。她雖然完全不懂足球，但也許會說：「因為你想看，所以我也要一起去！」

又或者是喜歡古典音樂的她，帶你去欣賞管弦樂團的演奏。過去你只聽搖滾樂，卻因此受到古典樂的雄渾壯闊而感動……**像這樣分享彼此不同的喜好，就能擴展出截然不同的新世界**。

若是兩個人結婚共同生活，將會遇到很多過去不曾經驗的問題。這時候，如果是性格不同的兩個人，或許能提出彼此不同的各種看法，相互討論思考。

遇到一個人無法解決的問題，也許因為有思考方式不同的她在身邊，出乎意料地輕易跨過難關。

你不想放開這樣的她，而她也覺得身邊不能少了你。是的，若是不希望戀愛或結婚以失敗收場，選擇和自己性格不同的對象，比選擇各方面都相似的人更重要。

只不過，有一點必須注意。想法完全南轅北轍、意見幾乎完全相左時，很可能沒有交集或是情緒反彈擴大，當情況變本加厲，會造成兩人的鴻溝。**當意見衝突覺得煩躁時，有必要想起兩人性格的互補作用，接受思考的差異，彼此尊重對方。**這樣的觀念務必放在心上。

製造兩人相配的感覺，彌補思考上的差異

如同前面的說明，選擇思考方式及想法與自己不同的對象，有時比較

認同彼此的魅力

若是相互截長補短的「互補型」，天長地久的可能性也會大增！
但是差異過大時，很難意氣相投。

幸福。然而，有時因為無法理解彼此思考方式的差異，發展成劇烈爭吵的可能性也不小。

要是這種情況持續下去，不妨停下來擬定戰略，設法恢復安穩平和的日子。其實兩個人有心在一起，卻違反這樣的心意而大吵一架，那就一定是壓力造成的，趕快改善才能成為人生的勝利組。

所謂的戰略，就是讓她覺得「我和這個人果然還是最相配」。心理學家伯納德・莫斯汀教授（Bernard I. Murstein）認為，**外貌及長相匹配的情侶順利交往的可能性較高**。也就是美女配帥哥、普通的女性配普通男性的組合較容易幸福。

不妨利用這個心理技巧，表現出兩人「其實很相配」。例如，當她買了新衣服時，你也買同一品牌的衣服。穿著相配的服飾一起出門，共享彼此「非常相配」的想法。

另外，興趣、嗜好、知識等，也可以營造出兩人相配的感受。對於她持有的物品表示「我也一直好想要這個！」，或是「妳的品味真好，我也想跟妳一樣！」這樣也能讓她內心的「相配感」萌芽茁壯。

暗黑警句

和不同類型的人結婚，比較能順利相處。

重複累積這樣的感覺，**即使想法或意見相左時，因為基本上有了「兩人很相配」的共識，所以還是會互相讓步**，可有效避免關係徹底反彈崩壞的最糟情況發生。

第一步先強調「我們一樣耶！」

戀愛一開始時運用「相似性」的心理學，
若是希望成為一生一世的戀愛，就運用「互補性」的心理學。

DARK SIDE PSYCHOLOGY 049

在平淡期的戀情關卡，點燃嫉妒的火焰

小小刺激另一半的嫉妒心，為愛情加溫

不論感情多好的伴侶，總有一天會遇到戀情進入一成不變的時期。失去了心跳加速、興奮期待的倦怠期，對方的態度也變得冷淡、缺乏熱情，令人開始感到不安，「她是不是已經不愛我了？」、「他是不是愛上其他人了？」逐漸出現這些焦慮。

這種時候，如果為了確認對方的心意，頻頻追問「昨天你去哪裡了？」、「為什麼都不回我的簡訊？」，很可能造成反效果，使對方覺得你很煩，結果真的開始討厭你，所以一定要小心處理。

要讓冷卻的戀情加溫，又具實用性的心理技巧，那就是「嫉妒策略」（人際關係策略）。**這是一個巧妙地刺激對方的嫉妒心，讓冷卻的戀情死灰復燃的方法**。

KEYWORD
嫉妒策略

稍微透露其他異性的存在，刺激伴侶的危機意識

雖說要刺激嫉妒心，但不需要做到讓對方的心動搖這麼誇張，只需要讓對方知道你的身邊除了她，還有其他異性存在就夠了。

例如，「十年沒碰面的同學會，女同學都變漂亮了……」，或是「情人節收到女同事的巧克力，我想回禮，妳覺得送什麼好呢？」像這樣在談話中，試著若無其事地帶入其他女性的話題。

這麼一來，就能令她覺得「咦？除了我以外，還有其他女生喜歡他？」、「他該不會喜歡那個女生吧？真是傷腦筋！」，她的心中將開始熊熊燃燒嫉妒的心情，要是這樣就達到目的了，她因此察覺自己的嫉妒心，代表她還喜歡你。

另外，這方法還可以達到一個效果：**「有其他女生喜歡，代表你很有魅力」**。如此一來，可能會使她擔心「要是我對他太冷淡，搞不好會被他甩了」。

戀愛期間久了，很容易因為「習慣了」、「很安心」的安逸感，使得兩人之間的戀情變得了無新意。這種時候，巧妙利用少許的「不安全感」，試著找回新鮮感吧。

如果能以稍微添加辛香料的感覺，拿捏控制得宜就太好了。兩人原本一直沒有進展的關係，應該能趁機成為加深感情的契機。

只不過，要是讓女友真的因此心情低落沮喪，可能就是她的不安被你煽動地太過火了，這麼一來很可能感情用事演變成激烈的爭吵，甚至為了消除焦慮而宣告分手。所以，務必要慎重觀察對方的反應。

讓對方吃醋的策略必須適可而止

原本打算讓她吃醋，替兩個人的戀情升溫，結果……
使用「嫉妒策略」要先摸清對方個性。

不要玩過火，才是嫉妒策略的訣竅

這個嫉妒策略也可以運用在單相思的對象身上。兩人交情很好，有時也會一起出遊，但總是維持在友達以上，戀人未滿的階段……想要讓這樣的關係更進一步發展，就可以利用一下嫉妒策略。

在閒聊時提起其他女性，若無其事地加入自己受女性歡迎的話題。**或許能讓她產生「不希望你被其他人搶走」的感情，忍不住向你告白！**

但是，依據每個人的性格不同，這個策略也有可能造成反效果。「抱歉，我不想和其他女生為了你爭來搶去」表示自願退出，或是因為嫉妒心點燃過度，往後對你過度束縛。

另外，要是她一天到晚聽你自吹自擂受歡迎的話題，可以想像遲早她會受不了，而心生不滿：「又要炫耀嗎？」因此，嫉妒策略的祕訣是——**與其一再重複，不如在關鍵時刻當作王牌打出去才對**。

暗黑警句

把嫉妒心當作辛香料，出其不意地再度點燃你們的熱情。

DARK SIDE PSYCHOLOGY 050

心有靈犀策略，「我正要打電話給你！」

製造理由，讓她不得不打電話給你

你和心儀的她興趣相投，一起聊天總是很開心，你知道如果兩人交往了，絕對能夠順利，只不過你還是無法了解她對你的心意，也遲遲找不到告白的好時機，心情起起伏伏……

如果你正處於這樣的狀態，就要**先讓她把心思放到你身上，再告白出擊**。如果完全無法掌握她的心意就毅然決然地豁出去硬碰硬，很可能就此宣告戀情失敗。

這時候**不妨採取「製造偶然」的作戰策略**。運用這個心理技巧，能使你們從「普通朋友」一口氣提升至「感到掛念的對象」，讓告白的成功機率大幅提升。

方法說穿了很簡單，先製造理由讓她必須打電話給你。利用電子郵件或通訊軟體都沒關係，由你寄給她訊息。

KEYWORD
製造偶然

任何事由都可以，「因為想跟妳商量會議的資料，請告訴我方便的時間」，或是「因為我被任命負責餐會的總幹事，妳對餐飲店比較熟悉，想聽聽妳的建議」等事由都沒問題。

總之，製造一個她必須打電話給你的情境，然後你只需等她的電話就好了。**當她打電話來時，立即表示「真巧，我正想打電話給妳！」**透過這句話的魔法，把她的心拉到你身上。

人們面對意想不到、偶然的邂逅，或是偶然的一致狀況，容易因而對這樣的對象產生好感。然後，當偶然不斷重複發生時，就容易認為「這個人是我的真命天子」。

在路上偶然遇見睽違的朋友、和喜歡的人使用相同的物品等，都會莫名感到開心，也是因為這個緣故。

反過來運用這個心理，就是「我正想打電話給你！」的策略。而後，重複製造出搭同一班電車、使用同一款的手機等狀況，相信要成為她心中的真命天子，指日可待。

暗黑警句

設計一再重複的偶然，成為她的「真命天子」！

DARK SIDE PSYCHOLOGY 051

碰面時間訂在「五十五分」，消除約會前的壓力

KEYWORD
零頭尾數

非整點的時間，反而會準時赴約

你的女友每次約會總是遲到。即使一再提醒「十二點碰面喔！」遲到十五分、二十分是家常便飯，你要是不高興而抱怨：「妳太慢了！」約會恐怕就泡湯了。

對付每次總是不守時的女友，下次約會你不妨把時間訂在「十一點五十五分」。她越是對這個時間感到納悶，準時赴約的可能性越高。只不過早了五分鐘就會準時，這是什麼道理呢？

其實，**人類對於零頭尾數比剛剛好的整數印象更深刻**。「十一點五十五分」或「十二點五分」，都比「十二點」更容易在腦海中留下強烈印象。而且，也會擅自認定這個數字一定有特殊意義。

像這樣利用零頭尾數以加深印象的圈套，可以運用在各種不同的情況。例如，在

減肥工具的購物頻道，聽到「竟然瘦了五．三公斤！」，你就會不由自主被引起注意，不是嗎？比起「大概五公斤」，零頭尾數給人更深刻的印象。

類似的效果也常被運用在商品或服務的廣告上，例如，「幾乎所有試吃過這個蛋糕的人都說好吃」和「試吃過這個蛋糕的人，九八．七％都說好吃」，哪一種印象較深刻呢？

同理，即使一再叮囑「碰面的時間是十二點喔！」，對時間觀念不敏感的女友仍會覺得：「反正是十二點左右吧？所以，十二點十五分或三十分應該都沒關係吧？」

然而，約定時間改成十一點五十五分後，不可思議的事情發生了。女友認為應該有什麼特別意義而準時赴約。也許事後她會一直追問：「為什麼提前五分鐘呢？為什麼？」到時候你只要回答：「因為想提早五分鐘見到你。」聽到類似這樣的話，女友應該不至於不開心吧？

事實上，這個技巧也可以運用在報告工作成果時，例如，「**這個月的目標業績是達成十件新合約**」，不妨訂定十三件的零頭尾數，這麼一來，相信必能達成原本目標的十件新合約。

暗黑警句

以零頭尾數來約定碰面時間，消除約會前等待的煩躁。

DARK SIDE PSYCHOLOGY 052

「吃壽司還是燒烤？」一句話讓對方拒絕不了約會

KEYWORD
錯誤的前提暗示

提出具體的選項，讓對方無法說NO

若是想邀心儀的她約會，提出邀請時不該說：「要不要一起去吃飯？」如果這麼問，等於提供她「去」或「不去」的選項，要是不幸對方選擇「不去」，這段戀情等於被強迫結束了。那麼，應該要怎麼提出邀請才好呢？

正確的問法是：「吃壽司還是燒烤？」以這樣的方式邀請，等於以「答應吃飯」為前提，並未提供給她「不去」的選項。

因此，不會產生被拒絕，令人遺憾的結果。要是能如願聽到對方回答：「嗯，我好想吃美味的壽司呢！」那就太好了。試著讓邀約按照你所打的如意算盤，順利和對方約會。

這樣的心理技巧稱為「錯誤的前提暗示」。提出選項時，已經形成必須挑選其中一項的情況，**直接跳過究竟為什麼非做這個選擇不可的理由，形成必須選A或選B的狀況。**

再強調一次，關鍵在於讓對方做出A或B的選擇。直接問對方「要不要去吃壽司」是不行的。有時可能會遇到對方有不同喜好，因而提出其他選項「我想吃義大利料理！」，這時候你便可以繼續提出，「那麼，是要去供應美味紅酒的店？還是披薩好吃的店呢？」

遇到兩個都無法選擇的困境時……

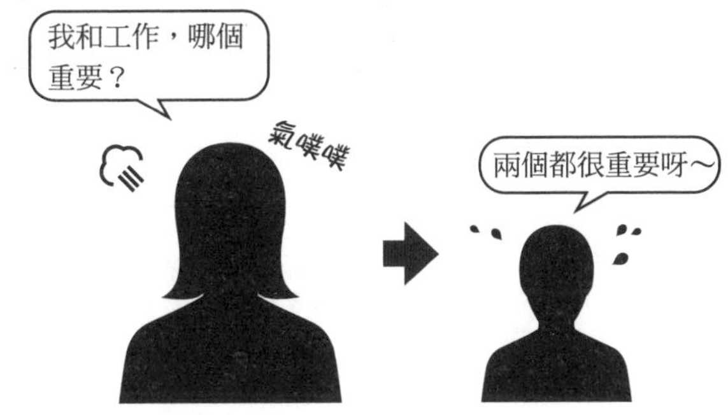

為了安全從「不講理的二擇一」當中脫身，兩個都該選。
或是提出其他選項答案，就當對方故意刁難，不要放在心上也是一種方式。

也有可能發展成笑不出來的麻煩

另外，也希望你記住，這個心理技巧也可能因為使用方法不同，而造成危險的後果。選擇約會的場所本來是件愉快的事，但有些時候可能演變成讓你笑不出來的大麻煩。**有時被迫選擇根本不應該用來比較的事項，卻在不知不覺中做了選擇，陷入無可挽回的事態**。

例如惡劣的商人對你說：「這是買了就能幸福的壺，要是不買的話，死神就會找上門。你要買？還是不買呢？」這種行為可說是威脅了。

另外，有時戀愛也會碰到兩難情境，女友問你：「我和工作，哪個重要？」逼你做出不講理的選擇。像這樣根本是把不同次元的兩件事情相提並論、逼對方抉擇的手段，心理學上稱為「非黑即白謬誤」（false dilemma），被視作一種詭辯。

要是因此上當就遭殃了，所以應該果斷地拒絕，「不買這個壺也死不了」，或是「你和工作都重要」，冷靜判斷不要作出選擇也是必要的。

暗黑警句

以「要去」作為前提，製造出兩個選擇，形成令人無法拒絕的情境！

第6章

HERD MENTALITY

以滿滿的優越感，操縱大方向的心理法則

隱形效能，小團體無意中的互相監視

拜網路環境進步之賜，在家工作者的人也增加了。然而，據說也有很多在家工作者感受到，少了主管及同事等周圍「關愛的眼神」，工作進展並不順遂。

事實上，當有他人在場時，工作效率較高的情況，心理學上稱為社會助長（Social facilitation）。

有觀察者在場，伴隨工作效率提升，**最大的主因是當人們感覺有其他人在看，會產生被監視的心情，因而無法偷懶**。

雖然說是「被監視的心情」，但其實人們參與團隊作業時，**如果團隊裡有人偷懶，對自己也會造成不利，所以不知不覺中產生了「確認其他人是否有認真工作」的心理效用**。

因為有人在看，所以想表現好一點

一項研究「他人的注視，如何影響作業效率」的著名實驗，是美國霍桑電話通訊機器製造工廠所進行的霍桑效應（Hawthorne effect）實驗。

這項實驗原本是調查照明亮度與工作時間對工作效率的影響，但是調查後卻發現，工廠員工效率上升的原因，不是照明、工作時間或薪資等條件，而是因為「調查人員在觀察自己」的心理要素。

因為他人的目光，產生被監視的感覺而不至於懈怠，而且因為受到關注，使得工作意願上升。

如果你的部門有喜歡混水摸魚或缺乏幹勁的人，不妨把員工編成小組團隊來運作，當員工意識到還有其他同事一起工作，引起相互關注的效應，就不容易出現偷懶打混的行為，工作幹勁應該也能隨之提升。

暗黑警句

對付偷懶的部下，就用他人眼光擊退工作懈怠。

DARK SIDE PSYCHOLOGY 054

就算強行蠻幹也泰然自若，讓多數派倒戈

大方堂堂地主張意見，少數派也能具有影響力

當團隊中意見分歧時，通常以多數決來做出結論。然而，這並不代表多數派的意見正確，少數派的意見就是錯誤，只不過是採用人數多者的意見。因此，如果你屬於少數派，也未必要改變自己的想法。

法國心理學家莫斯科維奇（Serge Moscovici）曾以實驗證明，少數派也可以影響多數派。莫斯科維奇的實驗內容，是讓四個參加實驗的對象觀看一系列圖形，然後依序要他們口頭說出圖形的代表特徵。

由於觀看圖形的形狀、顏色及大小都不同，所以四個參加實驗的受試者各自依照想法回答「紅色」、「三角」等答案。然而，實際上四位受試者當中安排了一個暗樁。這個暗樁無論看到什麼圖形，總是回答「紅色」、「藍色」等色彩特徵。

暗黑警句

即使成了少數派，也能強迫推銷個人的意見。

結果，受到暗樁影響，其他三人回答色彩特徵的比率也開始上升。

在這個實驗，雖然暗樁屬於少數派，卻因為充滿自信的態度持續作答，結果影響了多數派的回答，這就稱為「少數者的影響效應」（minority influence）。

如果所屬團隊意見分歧，**即使你屬於少數派，只要你以堅定的態度主張自己的看法，就能影響其他人**。

只要能以高度自信主張自己的看法，讓多數派倒戈支持也並非不可能。

向「權威人士」靠攏，動搖多數派

身為經營顧問權威，我說的絕對沒錯！
如果這樣的人是我方的夥伴，少數派也能獲勝。
權威

改變多數派的看法，也可以利用「霍夫蘭德的策略」(Carl Hovland)。透過強勢立場的領導者等人的意見，使多數派瓦解。

無論如何都想攻擊的敵人，不妨利用負面流言

KEYWORD
流言效果

流言的殺傷力

對你來說宛如眼中釘的敵對同事，你在偶然間得知他向下游廠商收取回扣。想利用這個消息當作攻擊對手的武器時，雖然可以直接向主管報告，但透過流言把這個情報散布出去，造成的損傷或許更大。

這是因為**流言會比預料中散布得更廣，而且一旦擴散，就不太容易消失**。

美國諾克斯學院的心理學家法蘭西斯・麥克安德魯（Francis T. McAndrew）曾經研究關於流言的擴散力量。為了證實實驗結論，麥克安德魯捏造並散布八卦消息，然後調查擴散的程度。結果發現「流言在同性間容易擴散」、「負面的流言蜚語散布得更久更廣」。

流言擴散之際，必定少不了加油添醋

以研究性格而聞名的美國心理學家戈登．奧爾波特（Gordon Allport）也曾針對流言進行研究。根據奧爾波特的實驗，當流言擴散之際，傳述的內容會越來越誇張。

奧爾波特指出，在八卦消息等流言擴散之際，因為是「從熟人（權威者、名人等）口中聽到這件事」，使得許多人更相信流言是事實。

也就是說，**流言經過長時間擴及到更多人耳中，並且在散布過程中的加油添醋，使得更多人信以為真**。

如果你散布敵手的負面流言，隨著時間拉長，應當也會越來越誇張地擴大吧？

現代因為推特等社群網站興起，無疑是加速了流言散布的速度。

但是，散布傷害他人的謠言也可能背上妨害名譽罪，如果想要利用流言打擊敵手，希望你也要有承擔後果的覺悟再採取行動。

暗黑警句

流言蜚語的可怕之處，是許多人確實信以為真。

DARK SIDE PSYCHOLOGY 056

給予個別的績效目標，提升團隊工作效率

懶螞蟻效應

你是否聽過「懶螞蟻效應」？

雖然螞蟻是勤奮工作者的代名詞，但是觀察蟻群後卻發現，並不是所有的螞蟻都認真工作。經研究發現，工作的蟻群中，真正辛勤忙碌工作的螞蟻只有八〇％，剩下約有兩成螞蟻無所事事地偷懶閒逛。

而且，即使集合這八〇％認真工作的蟻群，讓牠們重新組成一個團體，新形成的團體同樣不會完全認真工作，仍然有一定比例的螞蟻會偷懶。

就這點來看，**或許工作偷懶是所有螞蟻的本能**。

當然，人類的群體中也占有一定比例的人會偷懶，針對人類偷懶的行為，曾有學者進行了學術上的研究調查。

「一個人而已，應該沒關係。」造成偷懶的心態

對偷懶行為進一步研究的人，是法國的農學家馬克西米利安．林格曼（Maximilien Ringelmann）。

林格曼進行了拔河、拉貨車、磨石臼等團體作業的研究，觀察出摸魚打混者的心理狀態。以拔河來說，一對一拔河時，參加者勢必會全力以赴拔河。然而，**隨著團體人數的增加，偷懶的人數也隨比例增加**。

如果要說明偷懶者的心態，是因為以下的心理變化。

當人數少而偷懶的時候，立刻就會對整個團體造成影響，「我要是偷懶的話，大概立刻會被發現我在混水摸魚」、「如果我貪圖輕鬆，我們這一隊可能會輸掉」，基於這樣的心理而相當努力；然而當參加的人數增加，容易覺得「就算我不努力，應該也不會造成什麼影響吧」的心態，而在團體混水摸魚。

像這樣在團體中產生的偷懶心態變化，以研究者的名字稱為「林格曼效應」（Ringelmann effect）。

除了林格曼，也有其他學者研究人類偷懶的心理。

美國心理學家拉丹（Bibb Latane）聚集一群男學生，要求他們盡可能用力拍手發出聲音。拉丹要男學生戴上耳機，讓他們無法聽見彼此的聲音。隨著實驗的進行，不斷增加人數。實驗結果發現，當人數增加時，個人拍手的音量也會隨之變小。

拉丹的實驗也發生了林格曼效應，意料之中，觀察到參加者的心態是：「既然有這麼多人，只有我一個人聲音小一點也無所謂吧？」

想藉著他人力量偷懶的心態

「林格曼的拔河實驗」證明，相較於一對一的拔河，多人一起拔河時，每個人的出力就會減少。

停止豢養懶螞蟻，讓每個人的工作任務清楚分明

從林格曼和拉丹的研究來看，在團體作業中如果不擬定某種對策，人們自然就會偷懶行事。

那麼，如何讓整個團隊的每個成員都不偷懶，提升工作效率呢？

請你回想林格曼效應發生作用時的心理狀態。

因為抱著「即使我一個人偷懶，也不會影響整個團隊的工作」、「只有我一個人放輕鬆，也不會被看穿」的想法，所以自然而然懈怠了。

也就是說，**只要團隊的領導者或其他成員，能夠清楚確認個人的工作情況即可**。

最理想的狀況，是賦予每個人各自的工作任務。

由於每個人正在進行什麼工作很明確，所以哪個人有好好地工作一目瞭然。這麼一來，就不會有混水摸魚或怠惰的狀況發生了吧？

透過從表面就能立刻確認的形式，例如個人的工作進行狀況、績效等，想必更有成效。

暗黑警句

團體作業時給予每個人明確任務，避免有人混水摸魚。

DARK SIDE PSYCHOLOGY 057

只要確定有兩個友軍，會議提案通過的機會就大大增加

KEYWORD
樂隊花車效應

流行的事物，只會越來越流行

在遊行隊伍前演奏著輕快音樂的樂隊車，就是樂隊花車。樂隊花車靠近時，聽到輕快歡樂的音樂聲，能使慶祝的氣氛更加高昂。

政治、經濟或行銷的領域，常使用冠上這個名稱的心理學用詞——「樂隊花車效應」（bandwagon effect）。**當某種事物正在流行的氣氛上揚時，追隨的人增加，因而更帶動流行的現象**。

例如，選舉報導「●●●候選人支持度很高」，就容易集中更多選票，或是電視上介紹「現在○○糕點大受歡迎」時，這個糕點就會更加熱門，都是樂隊花車效應的絕佳例子。

簡單來說，人們都想騎勝出之馬，就是樂隊花車效應。

有三個人贊成時，意見就容易被採用

在溝通時，樂隊花車效應可以派上用場的技巧就是「強調樂隊花車」。**強調「按照自己的意見進行」＝「騎上勝出之馬」，以便抓住人心。**

研究從眾效應的著名心理學家所羅門．阿希，他調查在團體討論中，不同的意見能通過決議的機率。結果發現，當贊同意見者從一、兩人變成三個人時，通過決議的百分比急遽上升。

但即使贊同者在四人以上，通過意見的成長比率仍然不高，因此希望意見通過的話，最底限的人數至少要能掌握到三個人。

如果希望提案在會議中通過，不妨事前先斡旋，至少找到兩名盟友，再加上自己就能強調有三票同意。

當你在簡報提案時，由盟友為你出聲「我贊成這個提案」，或是拍手鼓掌，製造提案受到支持的氣氛，基於樂隊花車效應，贊成的人應該就會增加。

暗黑警句

有三人共同應戰，就能展現騎上勝出之馬的氣勢。

DARK SIDE PSYCHOLOGY 058

老是抱怨不停的部屬，就任命他負責公司宣傳

反向操作認同感

有些狂熱的粉絲，因為非常喜歡某個音樂人，所以穿著打扮都與音樂人相似。像這樣模仿某個自己喜歡或理想中的對象，心理學把這類行為稱作「認同作用」（identification）。

另一種，因為喜愛所屬的團體，產生了團體＝自己的心理，這樣的認同作用稱為「團體認同」（group identification）。

正因為喜歡某個團體才產生團體認同，但如果反過來，**讓某個人做出團體認同行為時，這個人應當也會喜歡上這個團體吧**？

例如，對公司沒什麼熱情，老是抱怨工作，發牢騷的部下，就交代他做公司的宣傳工作，部下應該會在過程中逐漸喜歡公司，對公司產生認同。

暗黑警句

讓部下產生公司＝自己的心情，防止他的滿口怨言。

要求這種愛抱怨的部下寫下公司網站或簡介要用的公司優點，深入思考關於公司的事項，當部下作為公司代表寫下優點之際，不知不覺中萌生**自己＝公司的感受，產生團體認同，因而有了熱愛公司的精神**。

同樣的，招募畢業生活動時，為有心到公司就職的學弟妹解說，代表公司說明公司優點，也有促進團體認同的效果。

讓老是批評公司的部下或後輩，擔任宣傳公司的角色，在當事人不知不覺的時候，在他心中種植熱愛公司的精神吧！

讓菜鳥成為熱愛公司的員工

我本來還以為
是黑心公司。
ダークサイド社命
原來公司有
這麼多優點！

任命新人「從今天開始，你就是公司的宣傳代表！」
讓他找出公司的優點，產生團體認同。

DARK SIDE PSYCHOLOGY 059

請求男性時說「交給你了！」對女性則說「拜託妳了！」

KEYWORD 男女的大腦差異

帶領部下的用詞，必須男女有別

假設公司的部下及後輩有男生也有女生，你對待他們的方式會差別嗎？還是不論男女都一視同仁，以同樣的方式對待？

我並不是要你偏袒男性或女性，對待部下當然要男女平等才行，但是交辦工作或提出糾正時，表達方式最好還是要有些微差異。

例如，你希望部下今天要整理好會議用的資料，交辦工作時如果是男性，對他說：「這份資料今天要整理好，交給你了！」如果部下是女性，則是換成：「我想麻煩妳今天幫我整理好這份資料」比較恰當。

以用詞的語感來說，**對男性使用授權委託的口氣，對女性則以請求拜託的口氣。**

男女的大腦處理截然不同

男性和女性在各種事物的感受上都有所差異，我想原因應該在於男性和女性大腦的差異。

男性的大腦主要擅長資訊處理及空間認識能力，很少男性不擅長看地圖，就是這個緣故。

相對的，女性的大腦則擅長讀取對方的表情，你不妨回想看看，是不是有許多女性常一眼就能看穿對方有沒有說謊。

另外，**男性大腦擅長邏輯思考，適合專注集中處理一件事情**。

相對的，**女性大腦則是洞察力敏銳，能夠多角度地觀察事物，適合多工處理**。

至於不擅長的部分，相較之下男性不擅長記住人名、生日（甚至糊塗到忘了女友的生日、結婚記念日）。女性的大腦偏向多工處理，有時會因為處理過多眼前的各種訊息而筋疲力竭。

建議你最好掌握這些差異，調整對男性部下及女性部下的溝通應對與用詞。

暗黑警句

對男性以委託語氣，對女性以拜託的態度來應對。

以引人注目的暗樁，帶動「流行」風潮

越多人排隊越好吃的心理動向

附近新開了一家拉麵店，原本你沒特別在意，外出吃午飯看到大排長龍時，突然想吃那裡的拉麵。這樣的經驗你是否有過？

這樣的心情變化，不僅是因為看到大排長龍，而覺得拉麵店是人氣保證所以想吃，還有其他心理因素作祟。

受到他人行動影響而採取同樣行動，稱為「模仿」（modeling）。**看到別人排隊的行為，受到影響而跟著排隊，這樣的行為就是模仿**。受到別人行為影響的「從眾效應」，也增強了大排長龍的行為。

心理學家米蘭格倫（Stanley Milgram）曾在紐約街頭實驗，測試不同數量的人停下腳步抬頭看大樓時，有多少人會同樣地抬頭往上看。實驗的結果，當五個人抬頭注視上方時，有八成的人會受影響往上看。隊伍越長就要等越久，但人們卻情願排隊的原因就在這裡。

此外，其中還有「自我效能」心理作用影響。人們雖然有「我能確實達成這個行動」的自信，但是**排隊的情況造成「不排隊就買不到」，而且還有「要是賣光了，就會買不到」的限制，購買行動剝奪了自我效能**。基於對抗這個情況，以致不由得跟著排隊。

經營店鋪或舉辦活動時，利用這個心理故意製造排隊人潮，應該就能吸引客人上門。

暗黑警句

為了招來更多客人，不妨試著營造人氣十足的氛圍。

看到有人排隊，就想跟著排？

模仿
那麼多人在排隊，應該很好吃吧？
喪失自我效能
要是不排隊，或許就吃不到了。

利用假客人大排長龍的策略，是許多店家常暗中運用的心理技巧，客人想體會商品到手的優越感心理，在其中也發揮了作用。

DARK SIDE PSYCHOLOGY 061

以一警百，整頓團隊的高效管理術

KEYWORD
默認的懲罰

只需懲罰一個人，就能讓其他人的態度改變

要叱責別人其實是件不容易的事。

叱責心靈脆弱的人，可能會使他的鬥志喪失；如果叱責性格叛逆的人，或許他會因此反彈比以往更叛逆。這時候，建議你不妨學習「默認的懲罰」原理，運用在需要叱責別人的情況。

例如，學校的打掃時間，全班都在嬉笑打鬧不認真打掃，假設老師只責罵班長，這時候沒有直接被叱責的學生，也會產生「我才不想被懲罰」的心情，就此停止嬉鬧了。

這就是運用「默認的懲罰」心理技巧。

當你帶領的部下全部都有問題，或是如上述遇到有玻璃心或性格叛逆的部下時，不妨也使用默認的懲罰。**挑出其中一名部下，只叱責那個人，就能連帶導正其他部下的行為。**

只不過，如果要在大庭廣眾下叱責某個人，最好要慎重思考人選。而且，最好在叱責以前先向對方說明「因為有這個苦衷，所以只會罵你一個人，希望你能體諒」。

和默認的懲罰相反，則是「默認的獎賞」。**在團隊中只給一個人獎賞，讓其他成員產生「我也想得到獎賞」，激發幹勁。**

無論是「默認的」懲罰或獎賞技巧，希望你視不同情況多加善用。

暗黑警句

叱責一個人，全體成員跟著繃緊神經。

職場氣氛變得鬆懈時

視情況而定，懲罰有時比獎賞更有效。
以「糖果和鞭子策略」來整頓職場環境！

看穿你「暗黑程度」的心理測驗 03

赤裸裸地揭露情人內心的「真心話」。

有時是愛的誓言，有時則會被騙得暈頭轉向。

運用心理測驗讓你成為情場高手！

問題

01

你的手機故障了。
你只能留下一個APP，其他都要刪掉，
你會留下哪個呢？

C 氣象資訊的APP	A 喜愛的手遊APP
D 充滿娛樂圈情報的APP	B 現在最熱門的APP

診斷

01

了解「你向情人說謊的程度」

因為只能留下一個，這個APP成了唯一的訊息來源，
藉由你是否選擇可靠的資訊來源，
判斷你對情人說謊的程度。

C 不會說謊的類型

只信任可靠的情報來源，也不會對別人說謊。不過，太過直白的結果，有時反而會引起衝突。

A 無法隱藏的類型

就算說謊也會受良心的苛責，結果還是會坦白招供的你，有時會招來無謂的爭吵。

D 不懂隱瞞的類型

雖然會說謊，但因為太多嘴，反而不小心會說溜嘴的類型。盡量注意不要連對方沒問的事也說出口。

B 毫無罪惡感的類型

對於說謊毫無罪惡感，能因應各種狀況，能言善道又精明能幹。要注意謊言別被拆穿了。

第 7 章

TRANSFORM

讓沒用的自己變身之心理作戰

陪人商談煩惱時，以問題及附和來回應

成為好的聽眾，讓對方覺得你很可靠

和部下或後輩談話時，與其喋喋不休地一直說有關自己的事情，還不如讓對方覺得你是個擅長聆聽的人，更容易被部下或後輩認定你是一個可靠的上司、前輩。

因為**任何人最關心的都是自己，扮演一個好聽眾，光是聆聽部下、後輩談他們的事情，就能夠令他們對你產生好感**。

要引導對方談論他們自己的話題，重要的是提問與應和。

如果應和只是簡短地回答「嗯」、「對」，顯得回應太弱，有時不妨以「原來如此」、「真厲害」等回答交替使用。

雖然要引導對方談論你想了解的事情就必須提問，但是太急著提出核心問題，反而像在偵訊犯人，所以不妨先從生活近況若無其事地提問。

KEYWORD
自我說服效應

只有自己，能真正說服自己

和部下或後輩交談，當他們傾訴自己的煩惱時，有時也會需要意見。這時候有效的技巧是「自我說服效應」（self persuasion）。

即使你聆聽他們的煩惱提供了建議，結果**當事人最能接受的，還是用他自己的想法說服自己**。

像這樣經過自身思考後所得出的答案，強烈影響到個人後續選擇，稱為「自我說服效應」。基於自我說服效應的原理，聆聽他們的煩惱時，與其提供建議，不如運用提問協助他們說出自己的答案。

例如，對方正在煩惱和戀人之間的關係時，可以問他：「你認為要改善與對方的關係，什麼是必要的？」藉由提問，協助對方整理心情，引導他思考並說出想要怎麼做，透過這樣的方式，根據他得到的答案，他就能說服自己「必須要採取●●的行動」。

運用這個方式得到的答案，更能助對方一臂之力。而且，**不需要你直接提供建言，對方也會由衷的感謝你**。

暗黑警句

對方找你商量煩惱時，引導他思考找出解決方案。

DARK SIDE PSYCHOLOGY 063

即使不懂察言觀色，光看手勢也可以應對周到

不安、膽怯的時候，容易渴望與他人有親密接觸

你聽過「撫觸治療」這個詞嗎？有時小孩子肚子痛，只要媽媽用手為他搓揉肚子，就會覺得不那麼痛了。你應該也曾在痛苦、膽怯的時刻，希望能撫觸你信賴或是有好感的人吧？因為**人類是藉著與親近的人肌膚接觸能獲得安全感的動物**。

因此當我們無法撫觸其他人，或是值得信賴、習慣依靠的對象不在身邊時，我們會藉著觸摸自己的身體，緩解精神的痛苦，獲得安全感，這就叫做「自我親密」（self-intimacy）。

也就是說，**下意識撫觸自己身體的人，可能是懷著某種不安、緊張的情緒**。而且，撫觸的方式及部位也有一定的法則，所以只要觀察撫觸的動作，就能窺探當事人的內在心理。

KEYWORD
自我親密

滿足對方的期待，取得信賴

我們在生意對象或長輩面前不會交叉手臂環抱胸前，這樣的禮節同樣適用於自我親密原則。**交叉手臂環抱胸前的動作是不信任對方、對他人懷著警戒心的表徵**。換句話說，等於在告訴對方「我並沒有對你敞開內心」。撫觸臉部，尤其是鼻子，則是有事情隱瞞，不想讓對方知道自己內心真正想法時的動作。敲擊頭部的動作，是希望被鞭策鼓舞。輕撫頭部、臉部，則是渴望得到安慰的表現。

如果看到對方環抱自己的身體，就表示他正處於緊張的狀態。從這些自我親密的行為，應該能夠掌握對方心理狀態甚至性格。

表面逞強，其實內心很緊張的部下，給予溫和的鼓勵；希望得到安撫的情人，選擇恰當的時機對他說些撫慰的話，就能迅速抓住他的心。

順帶一提，**和手的動作一樣表露出內心的，還有眼神**。眼神游移不定表示緊張、不安；一直盯著你的人，表示他想要控制你；當你提問，對方視線卻往右上方移動的人，則表示他試圖隱藏他的內心。

暗黑警句

能解讀手和眼神的動作，自然就能成為擅長察言觀色的人。

DARK SIDE PSYCHOLOGY 064

利用做筆記，強調自己是能幹的新人

KEYWORD
訪員效應

不論生意場合或心理學，做筆記都是一石二鳥之計

聆聽上司談話或是和客戶洽談時，務必要作筆記。

或許你會認為這不是心理學而是工作上的技巧，但其實並非如此。當然，做筆記的行為有很多優點，仔細聆聽對方說什麼、避免忘記、在腦海中整理等，讓工作進行更加順利。但是就心理學來看，還有其他意義。

一邊洽談一邊寫筆記的行為，也是向對方傳遞一個訊息——**「我很重視你說的話，而且我有認真聆聽、理解的意願」**。

從對方的角度來看，會認為這是一個誠懇聆聽自己在說什麼，值得關愛、照顧的對象，因而多加注目。

不用說，不僅新人，想要讓對方願意多關照你時，也可以派上用場。

對方的專注聆聽，令自己覺得受到重視

進行心理諮商時，理論上必須一邊作筆記一邊聆聽當事人的談話。光是說話這個行為就能使當事人心情平靜，或是達到心情舒暢的效果。

雖然光是暢所欲言就能感到痛快，但如果談話內容能被接納，更容易帶來精神上的充實感。**一邊聆聽一邊作筆記的行為，能產生療癒作用，使對方有好心情**。

因為對方願意聆聽，令人產生愉悅的心情，就會分享更多訊息給對方。在事件發生的現場或電視節目報導，接受採訪的對象也是如此。當記者主播以誠摯的態度聆聽，受訪者不由得會想提供更多正確的情報資訊。仔細思考一下，自己並沒有獲取利益的好處，卻願意積極地協助，這就是「訪員效應」（interviewer effect）。

在生意場合作筆記是最佳的運用方式，或是當伴侶心情不好，**引導對方說出心裡煩惱，當對方說出口時，適當提問、誠摯聆聽，只需這麼做，對方就能感受到你對他的重視**。

暗黑警句

只需一邊聆聽一邊作筆記，就能使對方心情好轉。

DARK SIDE PSYCHOLOGY 065

委託麻煩的工作，反而能被視作可靠的前輩

KEYWORD
自我涉入

付出勞力或心力後，就會不自覺產生親密感

為女性而寫的戀愛指南書籍，常可見到「讓男人請客」的建議。讓男人請客，就能更受到重視更加受寵愛，是真的嗎？

對此，已經有心理實驗證明這個建議是真的。心理學家找來了隨機聚集而成的團體，提出猜謎問題並給予這些人獎金。事後向一部分的人提出歸還獎金的要求。事後調查的結果，被要求歸還獎金的成員比拿到獎金的成員，對於研究者更有好感。

思考事情時，如果事件與對方有關聯的時間越長、密度越高，令人越覺得和對方關係親密，這種心理作用稱為「自我涉入」（ego-involvement）。

而且，當自己的感情（想要獎金）及行為（歸還獎金）相互矛盾造成混亂時，因為無法合理解釋而妄下一個讓自己接受的結論，這樣的心理作用，則屬於「認知

失調理論」（cognitive dissonance theory）。

對自己沒有好處，為了對方特地做的行為，產生「他對我而言，他是重要人物」的心理作用。

反過來運用這個技巧時，就是**讓對方為你奉獻越多，對方越重視你。**

只不過，如果提出太不合理的要求，有可能被對方看破手腳。

在職場中，拜託其他人稍微有點麻煩的工作，不要一個人處理所有工作，也讓對方分擔一些。這才是邁向成為莫名受人喜愛的商務人士之路。

暗黑警句

讓對方為自己做某些事，激發他們對你的忠誠度。

提升好感，也要看委託的內容而定

這個幫我影印200份。
中午以前要準備100份資料，拜託你了～

雖然可以藉著委託對方為你做事來提升好感，
但老是請對方做些打雜事務，一定會被討厭！

DARK SIDE PSYCHOLOGY 066

假裝「一起煩惱的樣子」，就能升格成體貼的人

KEYWORD
商量煩惱

重點不是解決問題，只要同理情感就令人滿足

對方向你傾訴自己的煩惱，找你商量，就是信任你的證據。無論和對方是什麼樣的關係，都不是件壞事，而且有很多好處。

更何況，不論是工作或私生活，這個對象的信任都可能帶來好處，即使要花一點工夫，都值得維繫你們的關係。因此，親切地和對方懇談、給予適當的建議、一起解決問題，你的評價將能扶搖直上。

話雖如此，在商量的過程中，或許會出現棘手的問題、自己無法應付的狀況、或是太過無聊光是聆聽都難以忍受的情況。

不論是哪一種情況都不需要擔心，**只要假裝表現出和對方一起煩惱、一起思考就夠了**。不過，還是盡可能以友善的態度，抱著同理心聆聽對方的談話。

即使無法應付，只要裝作思考的樣子就夠了

商量煩惱大致可分成兩種人。一種是真的想找出解決辦法，如果屬於這種情況，你提出想法給予建議就有效。

另一種情況則是對方只想找人吐苦水。雖然對方自認為是找人「商量」，其實只是在抱怨發牢騷。這時認真地提供意見，告訴對方「我不這麼認為，這時候應該這麼做比較好」，對方不但不領情，反而還會不高興，搞不好因此惱怒，「你根本不懂！」

因此，必須要看清楚究竟是哪一種情況的商量，如果對方有心想解決問題而找你商量，就盡可能給予建議。

如果是你無法應付、你不想被捲入麻煩，或對方只是想找人吐苦水的情況，**就裝作真誠地傾聽、一起和他思考解決煩惱的模樣，這才是正確的做法**。

只要有人願意聽自己傾訴，某個程度上，心情就能得到舒緩，這就是人類。千萬注意，不要弄巧成拙，變成好心沒好報的結果。

暗黑警句

假裝認真傾聽、一起煩惱，才有低風險、高報酬。

DARK SIDE PSYCHOLOGY 067

贏得好印象的心機祕訣

KEYWORD 確認偏誤

人在初次碰面時，就會擅自建立假設

雖然因人而異，但幾乎所有人遇到初次碰面的人都會緊張。這是因為我們不了解對方是什麼樣的人，對自己而言是敵是友？如果是工作上的對象，對方有什麼想法？工作模式如何？在私人生活認識了新朋友，今後將與這個人建立什麼樣的關係？

因為一切都是陌生未知的領域，當然會緊張，也會感到不安或壓力。

為了擺脫這種不舒服的心理狀態，自然希望盡快了解對方。由於是剛認識的對象，當然感到陌生，於是只要一發現任何可供判斷「他是這樣的人」的資訊，就希望因此平靜下來，這是人人皆有的心態。

也就是說，**人們會從初次碰面所掌握的少許資訊來建立假設**。

人們常說「人的外表占九成」，正充分表現出這樣的心理。

因為是初次碰面的對象，我們不可能了解他的內在與個性。但是，人們傾向在見面三分鐘內就企圖對剛碰面的人下判斷，這也就是供判斷的資訊有九成受外表影響的緣故。

簡單地說，**初次碰面的模樣與姿態，尤其是外表給人的感覺，就是別人對你的第一印象**。

假設有個人在第一次碰面時，碰巧那天睡過頭，以致穿著打扮有點邋遢。因為搞出這種紕漏，即使第二次碰面西裝筆挺，也很難扭轉第一印象。

對方並不會以公允的角度看待今天的你，而是不知不覺把對你的第一印象和現在的你合併。看著今日認真模樣的你，不自覺想找出邋遢的部分。

這就是「確認偏誤」（confirmation bias）。**希望自己建立的假設正確無誤，所以選擇性地回憶、蒐集有利細節**。

像這種最初植下的印象、最初獲得的資訊強烈殘留的「初始效應」，不是只發生在人際關係上。因此，企業除了重視商品內容，也很講究包裝及廣告形象。

清爽的外表，加上誠意十足的說話方式

「初始效應」的影響，並不是僅限於直接面對面的情況。以下介紹一個實驗：

在實驗中條列出某個人物的特徵。這些特徵在A組是先從知性、勤奮等正面特質排列出來；在B組，則是先從嫉妒心強、批判性強等負面特質排列出來。

描述的特質數量及內容明明都一樣，但實驗結果卻發現，從正面特質先描述的A組，對這個人物比較有好感；從負面特質先描述的B組，則對人物持否定的負面看法。

也就是說，**即使後來看到的印象和第一印象截然不同，但人們對於某個人的看法，仍然是被第一印象牢牢地定型在腦海裡**。

如果是私人生活，還是有可能發生第一印象與之後印象不同的情況。**人們墜入情海時，「出乎意料之外」也是一個極大的魅力**。

有時因為看到某個人和既定印象不同的一面，而愛上對方。這就是第一印象被翻轉而受吸引的例子。但是在商場上，合作夥伴來來去去很難有機會深交，並不容易出現這樣的例子。

因此，務必注意在商場上的人際關係，初次見面給人的感覺會強烈影響後來的印象。你不需要留下強烈的個人魅力，只需留下清爽的印象就夠了。

這裡傳授一個心機祕訣。非常簡單，就是「戴上眼鏡」。一戴上眼鏡，人就容易產生知性、冷靜的氣質。方型鏡框能提升說服力、圓型鏡框能提升親切感，就算視力標準，也可以選擇無度數的平光眼鏡。

對於初次見面的人，希望你除了注意保持清爽乾淨的外表，也要留意有分寸的遣詞用字、沉穩的音調及說話方式。

具有以下特徵的人，你的印象如何？

嫉妒心強
頑固
具批判性
衝動
勤奮
知性

↓

因為有缺點，無法派上用場的人。

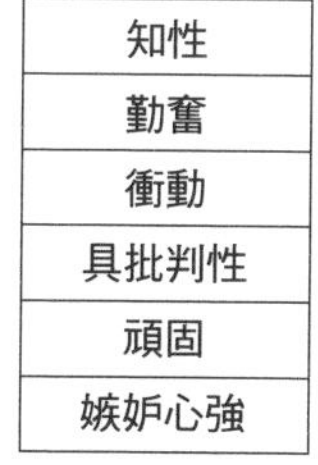

知性
勤奮
衝動
具批判性
頑固
嫉妒心強

↓

雖然有缺點，卻是有能力的人。

在所羅門．阿希所做的實驗中，以相反的順序分別向兩組受試者介紹某個人物的特徵，然後詢問他們得到的印象，證明「一開始的印象會影響到最後」。

漂亮的收尾，令人留下一切順利的記憶

和初始效應相反的理論則是「時近效應」，又稱「新近效應」（recency effect）。針對感興趣的對象收集資訊時，最後獲得的訊息，令人印象最深刻的心理作用。

「●●先生講話很有邏輯，只是很頑固不夠圓融。」

「●●先生很頑固不夠圓融，但他講話很有邏輯。」

你會想和哪個人一起共事呢？

這種情況下，多數的人都會選擇後者。**因為多重提示訊息的情況下，最後出現的資訊會留在記憶中**。如果是來自信賴對象提供的訊息，這個傾向更為強烈。

也就是說，先貶抑缺點再添加說明優點，對於留下良好印象非常有效；相反的，不論前面如何大力褒獎，最後如果以貶抑收尾，大家對這個人留下的就是壞印象。

自我介紹時也相同，「雖然有時候會冒冒失失的，但是該謹慎時絕不馬虎！」**先說缺點再說優點的順序，才是上策**。**同理，在會議場合最後一個提案是最理想的，容**

易讓與會人員留下印象與記憶。打官司時，最後舉證也是比較有利。

即使約會中途吵架，只要言歸於好，道別回家後也只會把吵架的事當作笑話；若是兩人大吵一架，沒有道歉和解就各自回家了，這天的約會就變成最糟的一天、最差勁的約會不是嗎？

希望給對方留下好印象時，「剛碰面」及「最後結尾」都是最重要的。接著每一次碰面，都要特別注意時近效應，道別時的感覺，將成為那一天最後的印象。注意，要讓人留下美好的記憶。

暗黑警句

只要最初及最後都沒有失誤，就能保持好印象。

讓人覺得這是一場好會議的小技巧

俐落
之前雖然有點乏味冗長。
雖然沒有得到結論，但充分交換了意見，度過很有意義的時間！

帶著「收尾好就一切都好！」的氣魄，
會議或簡報的最後結論都要用心。

DARK SIDE PSYCHOLOGY 068

不想一再失敗，就別做失敗的反省

成功者才有資格說「失敗為成功之母」

你是不是認為，失敗就該反省找出原因，以避免重蹈覆轍再犯同樣的錯誤。就某個意義來說雖然沒錯，但是**錯誤的反省反而會成為失敗的根源**。認清失敗的原因很重要，修正應該調整之處，當然也是必要的。

然而，反復地回想失敗的經驗，悶悶不樂，懊悔當時要是這麼做就好了，這些想再多也無濟於事的思考，百害而無一利。

人們常說「失敗為成功之母」、「因為有當時的失敗，才有今天的我」，許多成功者都說過類似的經驗談。然而，這是他們成功以後才說的話，當人還處在失敗階段，訴說自己的失敗，只是重複同樣的失敗罷了。即使反省也只會使自己更委靡，無助於事。

KEYWORD 回授效應

成功及失敗都會增幅，問題在於增幅的內容

喇叭的聲音進入麥克風時，會因為增幅而發出刺耳的噪音，稱為回授（howling）。當增幅的聲音再次由喇叭出來，形成反復循環、不斷發出刺耳的回授。

失敗也是相同的原理，一直煩惱著失敗，面對相同狀況的發生，並無法從之前的經驗學到教訓，只是使得擔心再次失敗的負面思考增幅，更容易重蹈覆轍。

腦子裡回想的總是失敗的畫面，因此才會老是失敗。如果你是因為沒有成功的經驗而難以想像成功的情景，不妨多讀一些成功者的故事。

人會成為自己所想像的樣子、符合說出口的形象。據說，棒球教練再怎麼提醒選手「壞球不要揮棒」，選手還是會揮出球棒。但是，如果告訴選手「選好球再揮棒」，選手就不會在壞球時揮棒了。

如果無法描繪、沒有說出成功的景象，就無法成功。要反省就忘記失敗，運用失敗的經驗想像成功的情景。樂觀與積極的人總是運氣特別好，就是因為這個緣故。

暗黑警句

忘掉失敗！如果失敗後只會反省，將形成惡性循環。

DARK SIDE PSYCHOLOGY 069

頭銜多的名片，看起來更厲害

KEYWORD 月暈效應

以片面的正向資訊，產生整體都很優秀的錯覺

「虛張聲勢」這個詞是指讓自己看起來比實際上更強大，因此常有欺瞞對方的意味。雖然不是百分之百正面的詞彙，但在商場上認為虛張聲勢有必要的人很多。《孫子兵法》中也提到，虛張聲勢在戰略的效用──「晝戰多旌旗，夜戰多火鼓」。

類似的心理學概念，就是「月暈效應」（Halo effect），指一個人的部分表現，影響當事人的整體形象。

假設有兩個容貌完全相同的人。一個畢業於名門大學，在大企業上班；一個則是做任何工作都做不久，靠打工或是父母資助維生，成天遊手好閒。

如果不清楚兩個人過著什麼樣的生活，外表看起來一模一樣。但是知道他們的背景後，畢業於名校的那個人，看起來就是比較帥氣。

不要浪費好的訊息，利用名片自我宣傳

前頁所述，屬於正面的月暈效應例子，但有時也會產生負面效果。好感度絕佳的歌手爆出外遇醜聞時，瞬間責難批評的聲浪四起，也是同樣的道理。外遇只是當事人所做的一件事，卻抹煞了當事人的一切作為。

反之，如果利用月暈效應，**誇大自己的正面優勢，能讓自己看起來像是重要、有能力的人物**。

雖說是虛張聲勢，但我並不建議你說謊。因此，不妨把正面的真實資訊印在名片上，例如頭銜、取得的證照等。即使和工作沒有直接相關的證照也沒關係，「取得證照」＝「積極自我磨鍊的人」。代表你是擁有專業證照能力的人、有一技之長的人。這是證照所強調出的事實。

此外，名片是給對方有關自己的最初資訊，或許會成為和初次見面的交談契機，應該盡可能積極傳遞正面訊息。現在的時代，曖曖內含光的內斂不再是美德，尤其在商場上，應該更積極地推銷自己。

暗黑警句

多強調一個長處，就能讓自己看起來更了不起。

DARK SIDE PSYCHOLOGY 070

再也沒有難談的事，在餐桌上談判

共餐約會的愉快，也會因此愛上對方？

不論是生意上的商談或男女約會，想和對方變得更親密、希望在心平氣和的情況下談話，常利用吃飯的場合。

或許反過來說，第一次和心儀的對象約會，必然會邀請對方，「要不要一起吃個飯」。因為一起用餐是加深人際關係的基本步驟。

一邊吃飯一邊聊天，容易對對方產生好感，也是一個廣為人知的心理作用。這是美國心理學家葛瑞格利．拉茲蘭（Gregory Razran）命名的「午餐技巧」（luncheon technique）。

促成此作用的發生，可能有幾個因素。第一種說法認為，和某個人一起用餐時，大腦會分泌「愛情荷爾蒙」催產素，也會促進有「幸福荷爾蒙」之稱的血清素分泌。

人在進食時，不容易拒絕別人

另一種說法認為，食欲被滿足的滿足感，以及吃了美味食物的幸福感，使得大腦混淆了對餐敘對象的印象與感受。因此誤以為和這個對象在一起很幸福、很滿足。這種大腦的錯覺稱為「聯結原理」。

希望盡情享受用餐時間的心情，想保有舒適氣氛而避免對立，也被認為是一項原因。還有一種說法認為，嘴巴咀嚼時注意力容易分散，以及吃東西時不容易冷靜判斷。另外也有人認為當嘴裡有東西、吃飽的時候，人們就不會計較瑣事。

除了以科學方式證明，加上任何人都曾親身體會過的經驗，能夠列舉出這麼多影響因素的心理作用可能是極少數。

總之，一起用餐這件事本身，確實能拉近雙方的距離，是一項有效讓對方說「YES」的技巧。

這時候如果帶對方去的是自己熟悉餐廳，而且美酒佳餚氣氛佳，更是如虎添翼。把對方叫來自己的主場是交涉的基本技巧，加上氣氛佳又美味的餐廳，更容易令對方的心情得到滿足。

掌握美食名店情報，而且又和名店很熟，吃完這頓飯，你的評價也會跟著上揚。

當然，不用我多說，如果希望交涉順利、獲得心上人青睞時，投資是必要的，這時若無其事地請客是不變的原則。

選在你熟悉的場子，發揮主場優勢

不同的交涉有不同的內容及對象，邀請對方用餐的目的更是形形色

麻煩的交涉或請求，也能在用餐之際迎刃而解

我似乎喜歡這個人。
因為心情好，所以沒問題。
血清素
幸福荷爾蒙
催產素
愛情賀爾蒙
快樂

吃美味的食物時，大腦分泌有益的腦內物質，令人處在愉快的心境。
大腦因而產生錯覺，「美味的食物」＝「一起用餐的人很好」。

色。因應不同目的選擇適合的餐廳，更能提高成功率。

例如生意場合，多半是邊享用早餐或午餐邊談生意。如果隨時都能準備好座位，而且服務令人感到賓至如歸般的舒適，對方一定會認為你很能幹。

正因為現在已進入了「一邊用餐一邊談生意」或「約會是理所當然」的時代，將它視為一項技巧，或只是因為大家都這麼做才跟著做，效果大大不同。

不應該毫無準備、貿然一起用餐，而是應該根據對方的期望、想讓對方答應你的請求等目的，選擇不同的餐廳，掌控現場的氣氛。

如果能做到，你就能成為對方無法輕易拒絕的商場高手，擄獲愛情的功力也會大幅提升。

利用大腦錯覺的聯結原理，度過愉快用餐時光的同時，也把你期待的成果手到擒來！

暗黑警句

準備熟悉的美食店家名單，收服對方的心。

DARK SIDE PSYCHOLOGY 071

當上司表示謙遜時，就是加薪的好時機

想要被讚美，先學會讚美技巧

你身邊是否有這樣的人？明明不是特別優秀，也並非長得特別好看，不知為什麼人緣卻很好，人際關係也十分圓融。像這類「迷人精」的人，幾乎毫無例外都是擅長讚美的人。讚美是人類的基本能力。既是人際關係的工具，也是希望你最好先學會的技巧。

任何人被讚美都會感到開心，越是會說「我真沒用」、「像我這種人」等貶低自己的人，越是希望得到別人讚美。**自卑情結其實是想要得到讚美、希望被愛的表現**。如同人們常說的「人是在讚美中成長」，通常人們都會因為被讚美感到愉快，因而振奮精神、激發幹勁。也就是說，擅長讚美的人多數備受他人喜愛，讓別人有活力。可以說如果能確實懂得如何讚美，就沒有任何事好怕的。

KEYWORD
再否定

否認「再否定的謙遜」，給對方超正面評價

只不過，日本長期以來把謙遜視為美德，很多人即使被讚美也無法直率地接受、坦然表現出喜悅。人們甚至還對擅長讚美的人持否定的看法，認為這樣的人「逢迎拍馬」、「僥倖以為任何事都只要靠讚美就過關」。

的確，或許能直率接受讚美的人是少數，一般而言都會回答「沒這回事」、「我還早得很」。

這時候如果回應對方「你又在謙虛了」，可就功虧一簣了。因為被認為是謙虛，就是被說中了。內心竊喜被誇獎卻不得不表示謙虛的人，要是被看穿內心的真正想法絕對不會開心。

那麼，該怎麼說呢？「果然像●●這麼有涵養的特質，真令人信賴」**立即否認對方的否定，對於他的謙虛給予有涵養的正面評價**。

當對方的謙遜態度再度被讚美，更產生了數倍的喜悅，此時不論是對你的好感程度、或是薪資調整應該都能扶搖直上。

暗黑警句

挑動謙遜背後隱藏的自戀情結。

DARK SIDE PSYCHOLOGY 072

以「你認為如何」掩飾自己的愚昧

沉著地以反問回答問題，換取時間及提示

對於不知道的事情要直接回答「不知道」，其實是件困難的事。尤其是生意場合，在眾人面前被質問時，更是難上加難。當場真希望提出問題的人、要求提供意見的人馬上消失。然而，「骰子已被擲下」，你已經沒有退路。大家都在等待你的答案。這時候，可以讓你應急的技巧就是反問對方。

「你認為呢？」

「就你的理解，你有什麼答案呢？」

這當然也是先敷衍應付來爭取時間的做法，對方的回答或許可以提供你一些靈感，或者從對方的回答，巧妙地轉移到其他話題。

除了可以當作避免被小看而脫身的技巧，同時也是可以博得對方開心的一句話，

KEYWORD
以反問回答問題

沒有不試試看的道理。

聆聽所有人的意見，扮演明理的上司

荷蘭心理學家德．克萊曼（de．kramer）博士，調查了部下對不同類型上司的看法。調查結果發現，不論是什麼樣的型態，願意給部下發言機會、鼓勵部下發言、擅長聆聽並給予認同的上司，從部下的觀點來看，都是給予最高評價的上司。

不論部下的回答是否前後矛盾，都要做出頗有感慨的回應，「原來如此，你的想法是這樣啊！」這麼一來，既沒有否定部下的不成熟發言，說不定還能在無形之中提高你這位上司的評價。**其實自己也不知道答案一事，卻能絲毫不動聲色，只需扮演溫和照顧部下的上司就夠了**。

如果有數名部下在場，可以多問幾個人：「你覺得呢？」這麼一來也許可以增加提示，整理你的想法後，再提出整合的意見，如果還是想不出好意見，不妨點頭表示稱許，「原來如此，是這樣啊！」然後轉移話題。四兩撥千金地轉移回答的責任。

暗黑警句

以問題回答問題，就不致於使自己的評價下滑。

DARK SIDE PSYCHOLOGY 073

為了突破現狀，要先相信自己，你一定做得到

以表情和言語改變心情，想找回活力就假裝有活力！

人的身體和心理是密切連結的，相信很多人都曾經感受到類似的經驗。生氣時身體會發熱，明明應該筋疲力竭睡眠不足，卻因為發生開心而興奮的事，完全沒有睡意。因為心情狀態影響身體狀況的事一點也不稀奇。

反過來也是一樣，就算發生令人難過的事，投入到喜歡的運動等事項時，專注地活動身體，不知不覺中就能發出活力十足的聲音，笑得很開心。

一直抱怨「累死了」、「熱得要命」等不滿，只會使疲倦或悶熱等不愉快的感受更強烈，反而說出「沒問題」、「我很有精神」、「很開心」等，在不知不覺間就忘了沮喪的心情或不平。

這就是**運用了「讓自己欺騙自己」的心理**。也許你會懷疑有可能做得到嗎？其實

KEYWORD
假裝有活力

這比想像中更簡單。

例如做身體前屈運動、或是在原地跳一跳，不要悶不吭聲，大聲喊出「耶」、「呀」等聲音，就能有更好的效果。

許多運動選手在關鍵時刻也會大喊。他們並不是自暴自棄，也不是威嚇對手，而是為了鼓舞自己或同伴。透過這個方式，不僅能振奮心理，實際上也能增加氣勢，這樣的案例屢見不鮮。

無法自我欺騙的人要小心

我很注意肝臟問題，所以有在控制酒精。
嗝

以為能藉著喝酒來控制自我情緒的人，很可能會染上「酒精中毒」。

面對無可奈何的現實，也能靠自己改變

有數據報告顯示，笑能促進身體細胞活性化。即使不是發自內心覺得好笑，**就算只是做出來的笑容，也能使身體細胞活性化**。

雖然刻意做出來的笑容比不上發自內心的笑，但還是比板著臉或愁眉苦臉好得太多了。

這也就是說，設法表現出「自己想成為的模樣」才是上策，這麼一來，便能越來越接近你想成為的狀態。

做出開朗的行為，心情就會漸漸好轉。開始頹唐浪費時間，心情也會覺得沮喪。能自我控制的人很堅強，為了要在這個世上活下去，無法隨心所欲的事、痛苦的事堆積如山，很多問題憑一己之力也無可奈何。

但是，自己的心情和表情，卻是能設法改變調適的。不該告訴自己「痛苦得笑不出來」，而是「正因為痛苦才要笑」。要是能做到這一點，就能靠自己拯救陷入困境的自己。

暗黑警句

裝久了就會成真！能騙過自己，世界就能隨你所欲。

第8章

LIVE LONGER

延年益壽又開心樂活的心靈控制法

DARK SIDE PSYCHOLOGY 074

遇上經常請客的人，處事應對要有所警覺

KEYWORD 自我膨脹

喜歡請客＝意圖自我膨脹

這個社會上有喜歡請客的人，也有喜歡被人請的人。聽起來或許很不可思議，這卻是事實。

對喜歡被人請的人來說，付錢請客是損失，所以若非逼不得已，絕對不想請客，因此他們大概很難了解喜歡請客的人懷著什麼樣的心理。

相反的，喜歡請客的人被別人請時，也不會感到開心。假設他手邊其實沒多少錢，萬一需要他請客就慘了。這時若有人出面請客，其實是幫了一個大忙，但即使有這種想法，對於被請客仍然感到鬱鬱不樂。

喜歡請客的人，是因為他們**竭盡心力想讓自己比對方占優勢**。透過請客施恩給對方的同時，感受身為重要人物的氣氛，這就是「自我膨脹」心理。

被請客，彷彿就矮人一截……

藉由請客膨脹自己的實際能力，也就是想沉浸在身為大人物的氣氛，並希望其他人也能這麼想。

有意思的是，實際上收入不高、為金錢賣力的人，自我膨脹的行為反而多於真正收入豐裕的人。這一點可以說明真正有地位、富裕的人，並不認為有自我膨脹的必要性。因為只要滿足於自己原本的樣子，沒有必要膨脹自己。

也就是說，**沒發生特別的事情也會說「我請你」的人，很可能懷有自卑情結**。同時，也有可能過著為金錢而辛勤賣命的日子。

明明平日的生活就已經捉襟見肘了，為了膨脹自己，竟然還把自己逼迫到走投無路。甚至可能以消費貸款等借錢舉債。明明不要自我膨脹才是上策，只需表現出原本的自己就夠了。

「由於經濟拮据，只好接受別人請客」要克服這心裡的檻卻又非常困難。因為喜歡請客的人，會藉著請客來轉換心情。

藉由請客讓自己比對方更占上風，從平日的壓抑解放，滿足自己是大人物的感受。對他們而言，當對方說：「我請你吧！」形同是貶低自己的敵人。如果說敵人太誇張，可以說是讓自己行情下滑的行為。

對於喜歡請客的人而言，一旦接受對方請客，就是對方位於優勢，自己則居下風。即使給予金錢方面的協助，反而會被他們認為是添麻煩。

自我膨脹對當事人其實是一大困擾。周遭的人也覺得麻煩、感到見外。希望你能注意自己請客的方式，千萬不要被自我膨脹的心理束縛住了。

「察顏觀色」和「打腫臉充胖子」之間的微妙關係

順便一提，就「打腫臉充胖子」意義上的自我膨脹，相關的心理作用則是「自我監控」（self-monitoring）。意即，伴隨自己與周遭的關係，影響自身的行動。

換個方式來說，就是察顏觀色。自我監控程度高的人，行動很容易受到旁人左右。擅長察顏觀色的日本人很多，雖然察顏觀色不是一件壞事，但是有些情況則會演

暗黑警句

喜歡請客的人，有可能是想隱瞞低收入的事實。

變成打腫臉充胖子。

打腫臉充胖子的人，已經超越察顏觀色的境界，而是**以外貌衡量他人、傾向重視於讓自己看起來更厲害**。倘若看重外表勝過內在，容易判斷錯誤，被自我膨脹束縛。

希望他人覺得自己很棒、想要成為大人物並非壞事，如果能因此而努力更是件再好不過的事，但如果只是以矇混的方式則於事無補。

應該以你真實的樣貌決勝負，而且察顏觀色的習慣也該適可而止。

配合周遭的變色龍

自我監控程度  低

· 頑固
· 重視人格
· 白目的人

自我監控程度 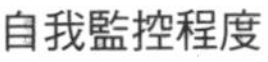 高

· 八面玲瓏
· 重視外貌 
· 在意周圍評價

所謂「打腫臉充胖子」的人，習於配合旁人觀察風向地改變自己，屬於「自我監控」程度高的人。

DARK SIDE PSYCHOLOGY 075

精神狀態的健康程度，從夢境顏色可以看出端倪

KEYWORD
彩色夢境
心理

夢境內容及色彩，是反映心理狀態的鏡子

提到有沒有做夢這件事，其實每個人每天晚上都會做好幾個夢。做了好夢雖然心情很好，但**夢境內容的好壞未必能和心理狀態直接畫上等號**。並不是說好夢就是吉兆，做惡夢就必須小心。不過，確實有可能因為做惡夢而睡得不好、注意力渙散。

另外，在過去彩色的夢曾被認為異常，但經過日新月異的研究，現在已證明那是錯的。做彩色的夢很正常。

只不過，據研究結果表示，關鍵是夢境中有哪些印象深刻的色彩，比起夢境是不是彩色，整體呈現的色彩印象更重要。

換句話說，就算是和現實世界相同的彩色夢境，解讀夢境的重點並不在於你夢到了哪些色彩。

注意夢境的顏色，或許藏有警訊的暗示

有些色彩較容易出現在夢境。根據研究結果，最常出現的是綠色，其次是紅色，第三則是黃色。一般認為夢境明顯呈現出心理狀態，當然，色彩也和心理狀態有很大的關係。例如，最多人常夢見的**綠色，表示心理狀態處於穩定的狀態，心情平穩、安定**。但一方面也可能表示知識、經驗的不足。

夢境主要色彩是黃色的人，表示生活環境很充實。每天處在快樂、身心充滿活力的狀態。

有人說紅色的夢是在有值得慶祝的事情時出現。不過一般認為是執著於某件事的時候出現。例如對某件事傾注強烈的熱情，或是生活中有全力以赴投入的事情時，容易做紅色的夢。

至於男性的情況，如果做穿著紅色衣服的夢，有可能是性欲增強的暗示，即使表面看起來並非如此仍要注意。與女性的關係互動上，要小心行事，不要因一時失誤而感到後悔，希望你能注意自我節制。

暗黑警句

夢中出現紅色衣服要注意女性關係，以免惹禍上身。

DARK SIDE PSYCHOLOGY 076

當把「不做～不行」掛在嘴上容易有心臟病

生活步調匆忙的人，可能越活越短

生活在忙碌社會的現代人，或許隨時都像是被什麼追趕般地活著。不僅是晝夜不分忙碌工作的商務人士，其他無論是否有工作或是家庭狀況不同，很多人都覺得「不得不做的事情太多，所以沒時間」。忙完一件事又得忙下一件事，內心真正感到悠閒的事情少得可憐。

生活過得匆匆忙忙，這樣的行為或心理狀態，其實很可能會讓你的壽命縮短，這個可怕的論點有憑有據。

面對同樣的工作量，每個人的想法不同。有些人常焦慮時間不夠用，有些人則是在不勉強的情況下，沒有壓力地完成工作。容易感受時間迫切感的人，通常重視結果；不會帶著焦慮面對工作的人，則重視過程。

重新檢視應做事項，沉著應對

就結果而言，只要能完成交辦的工作，並沒有哪個好哪個壞的問題。但是，一考慮到健康問題，活得匆忙的人則有極大的風險。

根據美國的醫學研究，有份關於三千五百位健康男性十年後罹患心臟病的調查報告。被時間追著跑的男性比一般沉靜應對的男性，得到心臟病的人多達三倍。

雖然人的個性很難說改就改，但是卻能透過多加注意來減輕疾病的風險。即使非做不可的工作沒有減少，也可以改變自己的心情。

首先，不要訂定不合理的計畫。面對交付限期，冷靜思考該花多少時間。這麼一來應該就可以避免無謂的焦慮。如果時間實在不夠，要求支援，或是降低品質來因應都沒關係。

認真工作面對縱然是美德，但希望你也要記得因應狀況放鬆身心，守護自己的健康。

暗黑警句

要記住重視速度的人，形同急著赴死。

DARK SIDE PSYCHOLOGY 077

越是在生日當天工作的人越長壽？

生日這個特別的日子，有時是心情低落的導火線

童年時當然不用說，不論活到幾歲，生日都是一個特別的日子不是嗎？尤其是重要對象的生日、自己的生日，很少人會完全不在意。

一般人印象中，生日就是慶祝的日子。是一個值得開心的日子，有時候會收到禮物，或是有人請吃飯。

雖然是美好印象的生日，但其實也可能發生「生日憂鬱症」（birthday blue）的心理作用。**生日快到時，心理特別容易不安定或是變得沮喪**。

實際上，曾有調查自殺者的生日研究報告顯示，生日和自殺日期有明確的關聯性。結果發現，在生日前後二十八天內自殺的人，竟然特別多。

KEYWORD 生日憂鬱症

生日前後一個月，想不開的心情特別強烈

美國心理學家大衛．李斯特（David Lester）針對這個現象著手研究，從各個角度調查的結果，雖然可以確定有「生日憂鬱症」的事實，但原因則無法確認。

在自己生日前後二十八天以內，特別容易莫名陷入怯懦的心情，「我覺得活著好麻煩」、「乾脆死了算了」。明明沒發生什麼特別嚴重的事情，衝動自殺的人卻很多。

的確，超過某個年齡時，每當多了一歲，總不禁想：「我已經到了這種年紀了。繼續活下去應該也沒什麼好事，反而會增加許多麻煩的事。」這種負面的心情其實也不是無法理解。

更別提，要是沒人為自己慶祝生日，獨自一人度過時，可能會比平時更感覺到孤單吧！平日累積已久的無力感與無常感，鬱鬱寡歡一天比一天嚴重，生日的來臨成了導火線。

話雖這麼說，心情低落到意圖尋死，還是很令人不可思議。

納悶為什麼會有生日憂鬱症，似乎是世界各國學者共同的疑問，維也納大學的心理學研究所也進行了生日憂鬱症的研究，結果發現「出生月的前後一個月屬於高危險區間」，幾乎與前述研究的結論相同。

另外，在日本也曾發表一項人口調查，生日當天自殺的人數平均比其他日子高出一．五倍。根據研究結果，更令人驚訝的是，因為自殺以外的原因而死亡的人數，在生日當天也有增加的傾向。

換句話說，生日憂鬱症並不因為文化、種族而產生差異。

生日休息和平常日一樣

工作投入到連生日都忘了，
或許才是長壽祕訣。

過猶不及都很危險，保持平常心度過生日這一天

人類其實出乎意料地脆弱。另外，或許是天生的生物節律（biorhythm）影響特別強烈，生日快來臨時就心神不寧、缺乏冷靜、判斷力變得遲鈍、精神渙散，結果造成想法不斷地往負面方向走。

在生日時特別計畫許多開心的事情，很可能是把雙刃劍，有時必須注意太過雀躍導致樂極生悲。

更何況，任何人都曾感受過慶典之後的寂寞。歡樂慶祝過生日後，心情或許反而會突如其來地低落。

並非過了生日這天就沒事，生日過後的一個月也要特別注意，反而不要做什麼特別的事，平平淡淡度過才是最佳選擇。不要刻意去思考這個世界有多麼不公平，平靜度日可以說是最安全的。

也有人認為，就算是生日也不必過度思考特別開心或黑暗的事情，和平時一樣正常工作才是最好的，或者就是因為這個緣故。

一個人過生日，享受生命延長的喜悅！

DARK SIDE PSYCHOLOGY 078

越是賭運差的人，身心越健康

KEYWORD
賭博心理

「我會贏！」的心態是好賭成癮的第一步

眾所周知某些人會有嗜賭成性的問題。之所以會有賭癮，來自賭博勝利的快感或因而獲得的報酬。沒有人明知會輸還要賭。

相反的，如果事先知道一定會贏的話，就不叫賭博。花費時間獲得相對的報酬，就只是單純的作業。

那種有時會贏有時會輸的興奮緊張，才是賭博真正吸引人的地方，而且贏了還可獲得報酬。把這種令人興奮緊張的感覺視作一種遊戲，適度享樂還可以，如果太過沉迷因而好賭成癮，麻煩就大了。幾乎所有的賭博，都只有莊家是最大獲利者。全部賭客加總獲利能贏過莊家的極為少見。

賭客明明都了解這個道理，還是深信自己不會有損失，就是成癮的開始。

讓你贏錢也是莊家的策略，不要上當

失去金錢、理智的狀態就是成癮了。而且，一旦成癮勢定會失去身心健康。

之所以會染上賭癮，是因為賭客嘗到了甜頭。如果感受到的多半是不良經驗，人們就不會留戀。賭博活動本身帶來的樂趣，或是賭場刻意塑造的熱烈氣氛雖然也是賭客參與的因素，但最重要的，還是贏錢的經驗讓賭客沉迷而難以自拔。

賭博不會贏反而是好事就是這個緣故。**適度感受到其中樂趣，無法嘗到太多甜頭，以致敗興而歸，「算了，玩玩就好，這也無可奈何」**，但也因為這樣，所以不會沉迷。希望你能牢牢記住，這才是真正的賭博形式。

北達科他大學曾經進行一個實驗，請學生去玩受人為控制的吃角子老虎。實驗結果發現，那些玩了「經過操作」的吃角子老虎而大贏的學生，之後即使輸了也無法停止繼續遊戲。「欲望」加上「非日常的興奮」會使人類墮落，賭博正是這樣的典型。

暗黑警句

挺起胸膛自豪：輸了賭博的人，才能贏得人生！

DARK SIDE PSYCHOLOGY 079

吵架越氣急敗壞的人，危害健康的風險越高

不論好壞，心理帶給身體的影響都很大

競爭心也是一種戰鬥。和競爭對手切磋琢磨，不畏懼失敗、勇於挑戰才能有收穫，可以使自己成長。

這個想法的確沒錯，但前提必須是「適度」的競爭心。**過度強烈的競爭心是危害健康的元凶**。甚至可能是造成心臟病風險大增的原因。

「你發這麼大脾氣，血壓會上升！」這是在很多情況下會出現的台詞，這個說法一點也沒錯！煩躁不安、大發雷霆，或是相反的老是操心、壓力太大，很容易對人的健康造成危害。為了身體健康，保持心情平靜非常重要。

你應該有過在生氣時滿臉通紅、身體發熱、心跳加速的經驗吧！心理給身體帶來的影響，應該是任何人都曾明顯感受過的。

動不動就發脾氣，罹患心臟病的風險高達五倍

杜克大學曾經對一千九百名中年男性進行為期二十五年的追蹤調查。根據這項調查，相較於一般男性，跟他人容易起爭執、動不動就發脾氣的人，他們罹患心臟病的比率，以及因為心臟病死亡的比率高達五倍。顯而易見，發脾氣及過度的競爭心態是早死的元凶。只要換個想法，勝敗都沒什麼大不了，煩躁有害無益，心臟病的風險就能大為減輕。

另外，根據統計資料顯示，動不動就抓狂、和他人爭辯的人，往往做事情常沒注意到危險，有突然暴衝的傾向。這麼一來甚至可能增加發生意外事故的危險。相信你一定也很認同這一點吧！

不顧危險勇往直前，或許在冒險電影中屬於英雄角色，可惜**在現實生活中，大膽或勇猛果敢的性格拿捏適度就好，才能活得長久**。不與人相爭、經常面帶笑容、步調悠閒、行事謹慎小心的人比較安全，長命百歲的機率也大得多。

暗黑警句

莽撞性格有害無益。隱藏起無謂的競爭心。

DARK SIDE PSYCHOLOGY 080

透過夢境，解讀沉睡的欲望與壓抑

KEYWORD 夢境的深層意識

夢境是你的真實欲望

就如前面說明過的**「夢境容易反映出深層意識」**。心理學者榮格（Carl Gustav Jung）對於夢的分析廣為人知，而不論古今中外，人們始終沒間斷對夢境的占卜。因為夢境無法自行控制，令人感到不可思議因而企圖解析。如果能從我們所做的夢境發現原本不自覺的深層意識，或許對現實生活也能有所幫助。

例如，前面已提過要留意出現紅色衣服的夢境。以下再從一些常有的夢境，舉出一些應該注意的事項。

可能很多人都做過飛行的夢。夢見自己飛翔的夢比較容易了解，這是表示希望從現況得到自由。不滿足現狀或是感到壓抑，希望從當中解放。另外，有些時候則是性愛欲求的呈現。

確實接收夢境帶來的訊息

不論是哪一種飛翔的夢，都代表對某件事物的不滿，所以最好重新檢視一下自己的生活。

順便一提，如果夢見吃東西，也代表欲求不滿，在夢中出現飲食情景常代表與性欲有關。

墜落的夢則和飛翔的夢相反，是透露無法達到目標的焦慮，現實生活中可能有一定要達成的任務，卻處在膠著狀態的情況。

從高處墜下表示自尊受損，如果夢中有人墜落，可能是對那個人抱持強烈的愛情。

據說夢見自己墜落的人也相當多，專家對這種情況的分析，認為是對於現實生活無法如願的狀況，懷有極大的憂慮煩惱。

如果你在夢中開心的唱歌，帶著愉快的心情醒來，這樣的夢其實是有壓力的象徵，而且有點複雜。

如果在夢中無法唱得很好而煩惱，代表你有人際關係的困擾。同樣是唱歌的夢，也有各種不同狀況的解讀。順便一提，如果是夢見自己看著其他人在唱歌，則是想談戀愛的一大證明。

睡眠期間實際上有尿意時，可能會做有關上廁所的夢。如果是小孩子，也會因為難以分辨夢境和現實，結果就尿床了。

長大成人以後雖然不至於尿床，但如果和尿意無關而夢見排泄的夢，代表壓力的發洩。如果夢中排泄的不是自己而是其他人，這是現實生活中

出現這些夢境，要小心！

飛行

想從不滿或自卑中解脫！渴望獲得自由的心情。

歌唱

如果很快樂地唱歌就是有壓力；如果唱得很爛，就表示在人際關係上有煩惱。

墜落

焦慮的表現。在現實生活中懷有極大不安的證明。

排泄

發洩壓力的心情。有可能隱藏著欲望及忍耐。

透過夢境潛藏的深層意識，發現自己難以察覺的內心，
想了解意中人的真心話時，也可以使用這項技巧。

不太可能會有的場景，代表你對那個人懷有羨慕或嫉妒之情。

真的有不做夢的人？

接下來談談不做夢的人。任何人都會做夢，說自己不做夢的人只是不記得罷了。因為睡眠時腦部系統也要休息，記憶也朦朧不清而容易忘記。

但是，**一直都說他沒做夢的人，可能是生活過於忙碌，或是有無法承受的煩惱、不安、憂慮等危機**。這是因為夢境呈現的心理太過極端時，可能大腦的自動化歷程機制運作，避免留在記憶中的作用。

雖然夢境企圖反映深層意識的自我，但如果是因為和現實對照過度痛苦，大腦基於自我防衛而消除夢的記憶，這是相當麻煩的狀況，沒有人知道究竟不要察覺比較好，還是應該察覺其中的暗示並找出方法解決比較好。

只要是做夢，就不是清醒時候的自我可以控制。但是，如果已經注意到一直沒做夢的記憶，或許應該在現實生活中盡可能放輕鬆，找到令自己愉快的事情。

從夢境發掘自己真正的心情。

DARK SIDE PSYCHOLOGY 081

擅長裝笑臉的人，是容易生病的高危險群

KEYWORD
笑臉的心理

笑容招來幸福，假笑則使健康亮紅燈

面帶笑容過生活是健康的第一步。

事實上，也有笑容能消滅癌細胞的說法。具統計資料顯示，笑容能使幸福荷爾蒙活化，為身心帶來良好影響。

非但如此，**根據調查結果發現，即使不是發自內心的笑，光是做出笑臉，同樣能使身體細胞活性化**。

不過，這只適用於自發性的笑容、自主的做出笑臉。如果是被他人強制，勉強做出笑臉的話，就不適用了，**勉強的笑反而會對健康造成嚴重的不良影響**。

如果不是發自內心的笑，危害健康的風險會升高

在此，介紹由賓州大學所做的一個頗有意思但也很嚇人的研究。這個研究的對象主要是社長祕書及空服員等，工作常被要求必須保持笑容的人員。

基於職業需求，強制必須保持笑容的人，據研究結果顯示，罹患癌症、心臟病、高血壓的風險高出一般人的兩倍以上。

這個研究顯示出假笑形成極大的壓力。順便說明，法國雖然也進行了相同的調查，但是法國的社長祕書及空服人員並未因為他們的職業，而出現不健康風險遠高於一般人的情形。這是因為法國不像美國那麼嚴格要求員工一定要保持笑容。

講求個人主義的法國，不論是什麼職業，只要確實執行工作內容，笑容並非工作義務的想法深植人心，因此不覺得開心或好笑時，要不要保持笑臉，完全任憑個人決定。

不論對於人際關係或身心健康，笑容都是最佳武器也是最好的藥方。但是被強迫才做出的笑容無法達到這個效果，甚至還可能造成身心危害。而且裝出來的笑容一定也會被對方看穿吧？這麼一來，人際關係也會發生裂痕。

暗黑警句

記住，一天到晚假笑的人容易生病。

過度依賴醫師，反而提高死亡率

醫師罷工，死亡率卻降低了？

醫師守護人們的健康，這是毋庸置疑的事實。但是從其他角度來看，也有可能因為醫師的存在而提高健康的風險。雖然是出乎意外的事情，卻是基於實際研究報告。

「如果沒有醫師、醫院、藥物，人們將生活得更健康。」提出這個論點的是伊利諾州立大學曼戴爾松醫學博士（Robert S. Mendelsohn MD）。

一九七六年，哥倫比亞醫師突然集體罷工，在五十二天的罷工期間，除了緊急醫療之外，全無醫療機能。然而當時該城市的死亡率卻下降了三五％。

因為沒有不當的服藥及治療，反而使人們死亡率下降，雖然是很諷刺的一件事，曼戴爾松蒐集這些數據，主張醫生及藥物造成健康風險，沒有醫生，人們反而更健康。

對自己的身體負責，醫師的意見僅供參考

和哥倫比亞醫師罷工同一年，洛杉磯也發生醫師罷工事件，這次的死亡率也降低了一八%。這似乎已經不能說是偶然了。

而且當罷工結束，死亡率數字也隨之再度回升。根據這些狀況顯示，可以說，有可能醫師做了多餘的處置，導致人們的死亡率上升。如果有人聽到這些數字而不想去看醫師，一點也不奇怪。

但這並不是說，有病不去醫院、不吃藥就是健康之道。

那麼，應該怎麼做呢？首先是好好聆聽身體的聲音。縱使對方是專家，也不是把自己的一切全權委託他人就是上策。

聆聽身體的聲音，然後因應必要性，將醫師視為疾病專家，參考醫師的意見，理性選擇能接受的治療及服用藥物。希望你能根據這樣的自我意識，守護自己的身體。尋求醫師諮詢的安排，保持適度就好。

暗黑警句

想維持身體健康，就不要大小毛病全靠醫師。

DARK SIDE PSYCHOLOGY 083

對付故意找碴的對手，就讓他揮棒落空

KEYWORD 沉著冷靜

任何時刻，心都要沉著以對

生意場合自不在話下，光是朋友之間的談話，都可能遇到有人在某個議題上找碴。這時候如果當真和對方唇槍舌劍地爭辯、駁倒對方都不能說是上上策。

要是對別人的找碴認真，在其他人眼中看來，並不是一個冷靜的人，而且就算駁倒對方也沒什麼好處。更何況，還可能因此招來不必要的怨恨，而且不論變成什麼樣的結果，耗費原本不需要的精力，只會令你筋疲力盡。

只不過，要是默默地忍氣吞聲，實在很令人惱火，如果被小看，說不定對方日後還會再找你麻煩。

所以應有的態度是徹底保持沉著冷靜，絕對不能感情用事。而且，**絕對不要接受對方挑釁，應該讓對方揮棒落空**。

暗黑警句

沉默是金。不戰而勝才是長命百歲的祕訣。

不需和對方炮火相對，取勝才是關鍵

假設對方突然問你：「你覺得A公司的計畫案怎麼樣？」你只需回答：「目前還不到適合回答的階段。」要是對方進一步逼問：「什麼時候才適合？」、「時間到了。」、「現在立刻回答。」你不妨反問：「請冷靜一點，你為什麼這麼說？」

不接受對方挑釁，並讓對方覺得你是強勁的對手，往後應該就不會對你無故找碴了。

面對莫名其妙的爭辯……

◎△□？
▽○×‼
□×▽‼
△○◎
我不清楚詳情，
現在無可奉告。
抱歉，可以請你
畫圖說明嗎？

真正能幹的人，是不必炮火相對也能令對方畏懼的人！
面對口舌之爭，只需以不是答案的答案回應。

自然地讚美對方的腳！制止抖腳帶來的煩躁

勉強制止壞習慣，會造成反效果

有句話說：「世上無完人，人都有怪癖」。不論什麼樣的人，都有一、兩個壞習慣，而且通常比想像中更怪異。有些壞習慣，自己很難察覺，但別人卻很在意。有些壞習慣會讓別人覺得很煩躁，其中也有很多對健康有害。

例如撫摸頭髮、彈舌、抖腳、咬指甲等，都是最好改掉的壞習慣。

但既然說是習慣，就不是說改就改得掉的。而且，**人的許多壞習慣是來自不安，因此下意識藉由這些動作讓內心平靜**。

如果勉強制止對方，或是一味批評，有時可能會因為壓力或自卑，反而使得壞習慣變本加厲。

若是打算戒掉自己的壞習慣，可以拜託親近或信任的人為你指正，既然自己有心

要改，又是拜託可信賴的對象協助，應該不會有問題。

反向操作，自然地讚美養成壞習慣的部位

如果很在意對方的壞習慣，希望對方能戒掉，提醒或批評都只會造成反效果。**反而是讚美「做出壞習慣的部位」才有效**。話雖這麼說，當然不是要你讚美壞習慣。

很多壞習慣是因為「自我親密行為」，尤其是撫觸自己身體的一部分。

人們下意識會希望被親近、信任的對象撫觸，尤其是不安或憂慮時更是如此。當遇到這種情況而對方又不在場時，就會藉由撫觸自己，來消除壓力或不安。

因此，如果對方有摸頭髮的壞習慣，不妨稱讚「這個髮型很適合你耶」；如果是抖腳，則可以說「你的腿很修長呢！」；要是咬指甲，則不妨讚美「你的手好漂亮」。

只需自然地讚美對方撫觸的地方、或是形成壞習慣的相關部位就行了。

多數情況下，以正面方式讚美，可以消除不安，而且因為意識到該部位，所以能

暗黑警句

藉由讚美給予安全感，讓對方停止令人煩躁的壞習慣。

讚美壞習慣的部位，藉此停止對方的壞習慣！

例如被讚美「腳很漂亮」，注意力就會轉到腳上，
自然能停止壞習慣。

停止壞習慣。

相反的，如果希望打擊對方使其認輸，則反復地提醒、批評他的壞習慣。對方就會為此在意而難以專注，你就可以趁虛而入給予強勁的一擊，讓自己位於優勢。

對身體來說並不健康的壞習慣，不論對自己或對他人都是無謂的壓力，不著痕跡地協助對方戒掉吧！

第9章

OPTICAL ILLUSION

讓對方把1看成100的錯覺心理學

DARK SIDE PSYCHOLOGY 085

以偉人名言為武器來說服對方

人們會無條件信任專家的發言

人們通常懾服於權威，對方如果是名人或專家，通常傾向乖乖地聆聽意見。這樣的心理作用就是「權威效應」（Appeal to Authority）。

在洽談生意時，說明「這個商品是由東京大學〇〇教授開發，效果絕對有保證」，因此立即順利簽下合約的案例，絕對不是誇張。

或者，向課長提出自信滿滿的企畫案，卻一直得不到認可，對一直在雞蛋裡挑骨頭的課長，試著表示：「前幾天剛好有機會和部長談到，部長非常滿意這個企畫案。」說不定課長的意見也會幡然一變。不過，這種權威效應的效果有多大，要視課長對部長尊敬的程度而定。

調查目標說服的對象尊敬什麼樣的人物，或是信任哪些領域的權威，事前做好功

KEYWORD
權威效應

課，才能收到更確切的效果。

街頭無所不在的權威效應行銷

權威效應也可以運用在洽商以外的領域。例如，書店的實用書專櫃，可以看到充滿大學教授或企業成功人士所寫的書。或者，具有刑警或犯罪者背景所寫關於防範犯罪的書籍，就是令人認為「專家說的一定沒錯」的權威效應行銷運用。

一套數十萬圓的茶具，加上「皇室御用品牌」宣傳海報，馬上就從單純高級食器，變成具有歷史背景及品質保證，令人憧憬的茶具，產生遠高於價格的價值與魅力。另外，在拉麵店等店裡密密麻麻名人或藝人的簽名，也會產生「這麼多名人來的店，絕對會很好吃」的心理作用，也可以說是權威效應的絕佳實例。

具有社會信用頭銜的人、無人不識的名人、對方景仰的人等，**巧妙藉用這些人的權威背書，就能創造超過實物以上的價值**。如果你有想要推銷出去的事物，不妨運用這個「狐假虎威」的心理技巧，這麼一來，獲得對方同意應該就不是太困難的事了。

暗黑警句

藉名人或專家的權威，將行銷價值最大化！

DARK SIDE PSYCHOLOGY 086

把工作達成率說得低一點，來控制主管評價

擾亂對方判斷的數字圈套

你是否聽過「定錨效應」（anchoring effect），這是指**最初看到的數字在不知不覺中，成了下意識決定基準的心理特徵**。

為了體驗定錨效應，某間大學的教授做了下列的實驗：

他把學生分為兩組，對A組提問：「反對學生餐費漲價的學生，比八〇%多還是少？你認為實際應該是多少百分比？」對B組則是提問：「反對學生餐費漲價的學生，比三〇%多還是少？你認為實際應該是多少百分比？」

結果針對「多少百分比？」的提問，A組回答的平均值是九〇%，B組則是二五%。A組受到提問中的八〇%數字定錨，認為應該多數人都反對，所以才會提出相近的數字。兩組都不自覺受到最初提示的數字影響，作為判斷基準。

使用數字影響印象的基準線，操控對方的想法

如果用在對上司進行報告時，定錨效應會產生什麼影響呢？

例如你向上司報告「目前責任額達成三〇％左右」，等百分之百達成時再向上司報告，上司就會覺得你是一個「從三〇％開始，一路全力以赴達到目標的人才」，對你賦予更高的評價不是嗎？

此外，運用定錨效應的代表實例，則是商品價格的標示手法。

「降價前的價格以兩條直線畫掉，下面再標示大而醒目的優惠價格」這是慣用的銷售策略。常在店頭海報或報紙夾頁廣告、電視購物等媒介頻繁使用，不是只用在打折商品而已。

故意標示判斷基準的一般販售價，更能強調現在買很划算。

只不過，運用定錨效應來標示價格的手法，必須小心不要觸犯商品標示法規。

和零售商價格相比雖然沒有問題，如果為了讓消費者覺得划算，故意把一般販售的價格寫得比較貴，就有可能違法，運用時務必要注意。

暗黑警句

運用數字魔力，操縱對方的評價！

DARK SIDE PSYCHOLOGY 087

以八結尾的定價，真的划算嗎？

KEYWORD

尾數定價策略

人們重視划算的感覺勝於價格

在超市、便利商店或深夜的電視購物頻道上，經常可以看到「一九八圓」、「一萬九千八百圓」等商品價格，在一般店面，價格尾數「八」的商品更是比比皆是。

在日本，「八」這個數字以字型來說，就是如同扇形由窄往寬發展的吉祥數字。**同時又能給人划算的感受，具有提高消費者購買欲的效果**。

根據美國研究人員所做的實驗顯示，同樣商品以三十四美元及三十九美元販售的結果，定價三十九美元的竟然高出三倍以上的訂購數量。讓美國人更願意買單的數字「九」，就像在日本的「八」。

我們通常都以「零」或「五」這種習慣區隔的數字作為思考標準，所以看到九百八十圓的價格，就會擅自認為是原價一千圓的折扣商品。

暗黑警句

尾數「八」的商品，說不定根本沒打折！

換句話說，人們容易被那些比實際價格低、感覺划算的東西吸引。看到定價一萬九千八百圓，會認為是原價兩萬圓的折扣。看到一萬九千七百八十八圓這種接近整數的價格，甚至會擅自認定「為了消費者努力，以最少利潤來定價的優良商家」。

利用消費者這種心理，說不定有店家推出根本沒有什麼折扣的零頭尾數定價，也就是說，搞不好有人把原本一萬五千圓的商品，標示成一萬九千七百八十八圓。

希望你不要被划算的感覺輕易誘惑，並冷靜判斷價格是否真的合理。

哪一邊可以賣得比較好？

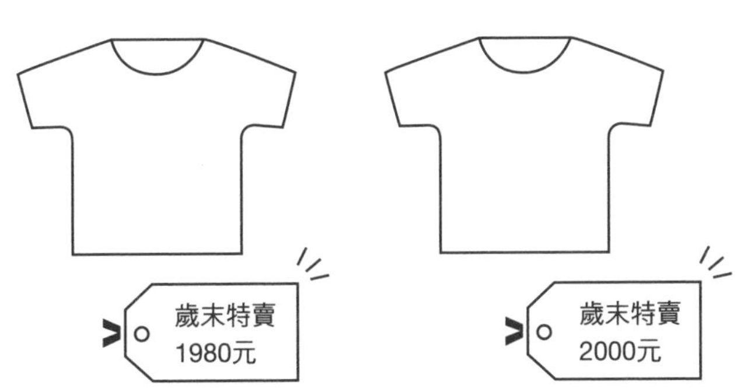

零頭尾數比漂亮的整數令人覺得更划算。
人們容易產生「為了消費者，商家竭盡所能降低了價格」的感受。

維他命C一〇〇〇毫克看起來比一公克更多

KEYWORD 夏蓬特錯覺

人們常常注目的是幾位數，而非單位

飲料及健康食品廣告常可看到標示「含有一〇〇〇毫克維他命」的文字，雖然一千毫克也可以寫成一公克，但是市售的商品幾乎找不到標示「含有一公克維他命」的標示。為什麼廠商會選擇標示「含有一〇〇〇毫克維他命」呢？這是因為「一〇〇〇」比「一」看起來令人覺得更多。

人對於位數越多的數字，會認為數字越大。還沒看到數字後的單位以前，直覺認為「多達一千耶，太厲害了」。假設寫著「含有一〇〇〇毫克」和「含有一公克」的商品同時陳列，幾乎所有人應該都會選擇「含有一〇〇〇毫克」的商品吧？

因為變換大小或重量單位而產生的錯覺，稱為「夏蓬特錯覺」（Charpentier illusion），是廣告標語經常運用的一種手法。

比起成分，更重視是否符合有益健康的印象

介紹一個容易理解「夏蓬特錯覺」的實例。你覺得「十公斤的鐵」和「十公斤的羽毛」，哪一個比較重？既然都說是十公斤了，當然是「一樣重」。但是，當人們被要求立即回答時，卻很容易憑直覺認為，給人沉甸甸印象的鐵比較重。

為了讓消費者產生「非常多」的印象，有些廠商說明會標示「含有相當於一〇〇個檸檬的維他命C」。雖然令人覺得非常多，但仔細想想，一個檸檬所含的維他命C大約二十毫克，一百個檸檬大約只有兩公克。

使用標示「相當於一〇〇個檸檬」和「兩公克」的成分，給消費者的印象天差地遠，前者的標示方法給人非常豐富的划算錯覺。

其他還有「含有七〇顆蜆營養的味噌湯」這個廣告標示也極為有名。仔細一想，腦中可能會浮現疑問，「究竟是什麼營養？」，但還是下意識接受有益身體健康的印象。

正確的資訊是，蜆所含有的代表性營養成分，是胺基酸中的鳥胺酸。

那麼，如果告訴你「含有二十五毫克鳥胺酸」，你會有什麼反應呢？多半會滿臉問號，納悶「什麼是鳥氨酸？」、「二十五毫克是多還是少？」，根本沒有具體傳達商品的優點，但還是令人莫名地接受似乎有益健康的印象。

這些表現手法要傳達的，都不是商品含有的營養素分量，而是「有益身體健康」的印象。

因此，想要傳達某個訊息給對方時，不妨先思考「希望對方產生什麼感受」，再選擇詞句。

變換單位的圈套

哪邊看起來比較強？
六戰無敗。
一勝五平手。

描述的方式不同。平手＝無敗。
內容雖然相同，卻會因為表達方式而產生截然不同的效果。

變換單位就能產生具體印象

以下介紹「夏蓬特錯覺」的運用實例。第一個例子是表現出更划算的方式。

「店內所有商品三〇％OFF！結帳時再給二〇％折扣！」這是超市等地方常見的特賣宣傳。單純以「全部商品■■％OFF」，分兩次折扣感覺更加划算，產生「賺翻了！」的感受。而且因為三〇％加上二〇％，容易產生「變成半價」的錯覺。

但實際上三〇％折扣的金額再乘以二〇％折扣，對照原本的價格，折扣是四四％。

說開了，或許會覺得店家有點狡猾。但是站在商店的立場，並未欺騙客人，也沒有以含混曖昧的方式來表現，**一切完全是消費者自己的錯覺**。

第二個例子是電視的資訊介紹節目常以「〇〇個東京巨蛋那麼大」來表現。這是把難以了解具體到底有多大的單位「公頃」，換算成以「東京巨蛋」為單位，讓觀眾可以憑直覺理解實際大小有多巨大而下的工夫。

暗黑警句

挑選適合的單位表現，塑造更強烈的印象！

DARK SIDE PSYCHOLOGY 089

利用比喻添加商品的與眾不同

適當的比喻增添商品的附加價值

在商品氾濫的現代社會，經手獨一無二商品的企業占極少數，幾乎所有企業都只能在與其他公司的競爭中，設法提高營業額。那麼，要說明那些認為「哪裡賣的商品都一樣」的消費者或客戶，願意選擇你公司的產品，究竟該怎麼做呢？

最有效的做法就是為公司的商品添加「世界獨一無二」的附加價值。**這時候，只要使用比喻表現，就能凸顯出與眾不同**。

有一天，某個顧客對營業員說：「跟你們公司買，或是在量販店買，還不是一樣。」這時候，營業員打了一個比方——

「醫師開的藥方應該比在藥店買的藥更有效對吧？因為醫師是針對每一個患者不同的症狀開處方箋。我們公司的商品也是以同樣的精神開發商品。」

因應當時的狀況，使用合適的比喻

比喻表現不是只有用在凸顯商品「獨特性」才有效果。

運用擬人化的說明，可以更清楚地了解商品特性。

「我們公司的防盜系統二十四小時無休，為您日夜守護居家安全」、「這個營養補給品能守護您的健康，防止脂質的過氧化」等人性化說明，給對方更親近的印象。

另外，也可以借用名人的力量，例如強調「這個化妝品也是名模〇〇愛用好物」，來推銷商品。這個手法能讓對方覺得「那個名人也用相同的商品，那就沒問題了」，使對方產生安全感。

若是那些認為「業務員說得天花亂墜，哪能信任」的客戶，不妨借其他客戶，或是自己的親朋好友說的好評來比喻更有效。

「前些時候購買的客戶，很高興地表示作業效率大幅提升」，這麼說可以避免讓客戶認為是業務員自吹自擂。

因應狀況及對象，事先準備適當的比喻表現，可以說是成為優秀業務員的關鍵。

暗黑警句

善用比喻，讓你的說明更有親和力、更明白易懂。

DARK SIDE PSYCHOLOGY 090

降價談判，換個說法輕輕帶過

KEYWORD
重新框架

遇到不利的要求，不落痕跡的轉移技巧

你聽過「重新框架」（reframing）這個詞嗎？

它的意思是，打破原有框架，以不同的眼光檢視並重新建構事物。是一個在商務談判中很有幫助的心理技巧。

假設你的客戶表示「希望這個價格能再往下降」。這時候使用重新框架的技巧，你或許可以這麼回應：「就照○○您說的，那麼，我們就一起去說服主管吧！」

一開始先表示同意，讓對方以為他提出的主張被接受，而且再加上「那麼」，**更讓對方錯覺若要通過他的主張，應該要答應你的請求**。但實際上，「重新議定價格」的委託被完全略過了，現狀還是原來的價格。重新建構了徵求對方同意，也對自己有利的框架。

轉移論點的訣竅，一開始先讓對方同意

巧妙且不著痕跡地避過對方逼迫的「重新框架」，乍看之下，或許會覺得是高難度的技巧。但實際上，通常對方不但不會察覺，而且幾乎能毫不生氣地接納。原因是人們通常傾向對「言詞」有反應，而不是「有沒有道理」。

自然放出煙幕彈的訣竅，**一開始是很容易了解的「先表示同意」，接著再展開「正因為如此，所以應該〇〇」的論點**。

即使內容相同，也會因為表達方式差異，而產生正面或負面的效果。

各位不僅可以用在工作上，個人生活也可以運用。例如，因為工作出了紕漏而消沉時，你會如何重新振作？

心想著，出了這個紕漏真是失敗？或是認為，幸好因為這個紕漏，可以找到新對策，更接近成功的道路？想必你一定能夠判斷哪一種思考可以改變工作的成功率，對吧？

用在正處於心情低落的人身上時，就說「多虧〇〇～」、「正因為是〇〇～」，幫助對方重拾正面思考。

暗黑警句

對自己不利的要求，一邊同理對方一邊轉移論點！

参考文献

- 《ゼロからはじめる！ 心理学見るだけノート》監修／齊藤勇（寶島社）
- 《本当は怖い心理学（決定版）》監修／齊藤勇（EAST PRESS）
- 《本当は怖い心理テスト》監修／齊藤勇（EAST PRESS）
- 《本当は怖い心理学BLACK》監修／齊藤勇（EAST PRESS）
- 《板ばさみの人間関係から抜け出す技術》著／齊藤勇（KOU-SHOBO）
- 《逆引き夢辞典　願いがかなう夢占い》著／梶原まさゆめ（主婦之友社）
- 《「精神の迷宮」心はなぜ壊れるのか》著／尾久裕紀（青春出版社）
- 《よくわかる心理学》監修／渋谷昌三（西東社）
- 《恋の深層心理テスト》編集／G.B.ココロの研究会（寶島社）
- 《わかりたいあなたのための心理学・入門》編集／別冊宝島編集部（寶島社）
- 《植木理恵のココロをつかんで離さない心理テク》著／植木理恵（寶島社）
- 《他人の心がカンタンにわかる！ 植木理恵の行動心理学入門》監修／植木理恵（寶島社）
- 《図解　使える心理学》著／植木理恵（KADOKAWA）
- 《ズルくやれば50倍成功する！》著／内藤誼人（寶島社）

● 《人づきあいがグンとラクになる人間関係のコツ》監修／齊藤勇（永岡書店）
● 《図解雑学　恋愛心理学》著／齊藤勇（ＮＡＴＳＵＭＥ出版社）
● 《図解でわかる　深層心理のすべて》編著／齊藤勇（日本實業出版社）
● 《図解でわかる　はじめての自己分析》著／榎本博明（日本實業出版社）
● 《夢辞典　夢からのメッセージと深層心理》著／志摩ツトム、監修／渋谷昌三（日東書院）
● 《生活の心理学》著／西川好夫（日本放送出版協會）
● 《夢辞典　現在・過去・未来を占う夢分析》著／トム・チェトウィンド、譯／土田光義（白揚社）
● 《なぜか仕事がうまくいく人の［図解］ビジネス［心理］テクニック》著／齊藤勇（ＰＨＰ研究所）
● 《チャートで知る社会心理学》編集／藤原武弘・高橋超（福村出版）
● 《しぐさで見抜く相手のホンネ》監修／匠英一（扶桑社）
● 《怖いくらい人を動かせる心理トリック》著／樺旦純（三笠書房）
● 《「しぐさ」を見れば心の９割がわかる！》著／渋谷昌三（三笠書房）
● 《図解　心理分析ができる本》著／齊藤勇（三笠書房）

只要看起來很厲害，就可以了！巧妙直入人心的暗黑心理學

優雅的狡猾才是王道，90 個讓你穩居優勢的必勝人心攻略

やってはいけない　ダークサイド心理学

監　修　齊藤勇
譯　者　卓惠娟
編　輯　林玟萱

總編輯　李映慧
執行長　陳旭華（steve@bookrep.com.tw）

社　長　郭重興
發行人　曾大福
出　版　大牌出版／遠足文化事業股份有限公司
發　行　遠足文化事業股份有限公司
地　址　23141 新北市新店區民權路 108-2 號 9 樓
電　話　+886- 2- 2218 1417
傳　真　+886- 2- 8667 1851

封面設計　萬勝安
排　版　藍天圖物宣字社
印　製　成陽印刷股份有限公司
法律顧問　華洋法律事務所　蘇文生律師

定　價　380 元
一　版　2019 年 01 月
二　版　2023 年 01 月

電子書 E-ISBN
ISBN：9786267191729 (PDF)
ISBN：9786267191736 (EPUB)

國家圖書館出版品預行編目 (CIP) 資料

只要看起來很厲害 , 就可以了！巧妙直入人心的暗黑心理學 : 優雅的狡猾才是王道 ,90 個讓你穩居優勢的必勝人心攻略／齊藤勇 著 ; 卓惠娟 譯 . -- 二版 . 新北市 : 大牌出版 : 遠足文化事業股份有限公司發行 , 2023.01
292 面 ; 14.8×21 公分
譯自 : やってはいけない　ダークサイド心理学
ISBN 978-626-7191-67-5（平裝）
1. 應用心理學　2. 人際關係　3. 讀心術

177　　111020902